가장 중요한 질문

존 러벅 지음 ─ 이명섭 옮김

가장 중요한 질문

가장 중요한 질문

1쇄 발행 2024년 5월 22일

지은이 존 러벅
옮긴이 이명섭
펴낸이 조일동
펴낸곳 드레북스

출판등록 제2023-000148호
주소 경기도 파주시 탄현면 헤이리마을길 93-144, 2층
전화 031-944-0554
팩스 031-944-0552
이메일 drebooks@naver.com

ISBN 979-11-93946-10-7 03190

인격적으로 점잖은 무게 '드레'
드레북스는 가치를 존중하고 책의 품격을 생각합니다

인생에서 가장 중요한 질문은 무엇일까?

삶의 의미와 삶을 건너는 법

스스로 삶의 주인이 될 때

삶은 그 주인을 기꺼이 따른다

차례

내 인생의 주인은
누구인가

그랬으면
좋았을 텐데

인생에서 우리가 배우고 깨달아야 할 가장 중요한 것은 어떻게 살 것인가에 대한 답이다. 인생만큼 우리가 간절하게 지키고 싶은 것은 없고, 그만큼 소홀한 것도 없다.

물론 이것은 단순한 문제가 아니다. '의학의 아버지' 히포크라테스는 《아포리즘》 첫머리에 이런 격언을 남겼다. "인생은 짧고 예술은 길다. 기회는 덧없이 사라지고 경험은 불확실하며 판단은 어렵다."

행복과 성공은 환경이 아니라 자기 자신에게 달렸다. 인류의 역사를 되돌아보면, 다른 사람에 의해 파멸하는 사람보다 스스로 파멸하는 사람이 훨씬 많다. 폭풍이나 지진으로 파괴된 집이나 도시보다 인간의 손에 의해 파괴된 집과 도시가 더 많다. 파멸에는 두 종류가 있다. 하나는 시간에 의한 파멸이고, 다른 하나는 인간으로 인한 파멸이다.

고대 로마의 철학자이자 정치가인 세네카의 말처럼 가장 치명적인 적은 가슴속에 있는 적이다. 프랑스 철학자 장 드 라브뤼예르도 말한다. "사람들은 남은 인생을 비참하게 만드는 데 많은 시간을 쏟고 있다." "젊었을 때 넘치는 정욕으로 인해 늙어 편하게 쉬어야 할 때 뼈저리게 후회하곤 한다"라는 극작가 존 릴리의 말도 있지만, 그리스 풍자작가 루키아노스의 말처럼 "과거는 이미 지나가고 끝난 일, 운명의 여신 클로토가 다시 엮을 수 없고, 운명의 실을 자르는 여신 아트로포스도 되돌릴 수 없다." 우리는 우리 자신을 사랑한다. 그러나 그 사랑은 어리석고 지나친 경우가 많다.

나는 낙관적이라는 비난을 받곤 한다. 그러나 나는 인생의 고통과 슬픔을 외면하거나 부정한 적이 없다. 인간은 행복한 존재라고 주장하지도 않았다. 다만 인간은 행복해질 수 있으며, 그렇지 못하다면 전적으로 자신의 잘못이다. 행복을 누리기보다는 더 많은 행복을 바라거나 곁에 있는 행복을 외면하기 때문이다. 이것이 나를 더 우울하게 한다.

혀나 펜 끝에서 나온 모든 슬픈 말 중에서 가장 슬픈 말은 이 것이다. "그랬으면 좋았을 텐데."

– 존 휘티어

톱니바퀴 하나라도 제자리를 벗어나면 기계 전체가 작동하지 못하듯, 우리도 우주와 조화를 이루지 못하면 그에 따른 고통을 받을 수밖에 없다. 용기가 지나치면 무모함이 되고, 감정이 지나치면 집착이 되며, 검약이 지나치면 탐욕이 된다. "어떤 사람에게는 약이 되는 것이 다른 사람에게는 독이 된다"는 옛말이 있지 않은가. 자연의 법칙을 바꾸면 더 나은 결과를 가져온다고 생각하지만, 그것을 증명해 보인 사람은 아무도 없다. 넘어져서 다리가 부러지기도 하지만, 이때 중력의 힘이 바뀐다고 해서 나아질 것은 아니다.

페르시아 사람들은 행복은 선의 신 오르무즈드가, 불행은 악의 신 아흐리만이 가져온다고 믿었다. 그러나 우리가 살아가면서 고통을 겪고 불행에 빠지는 것은 아닌 줄 알면서도 저지르거나 자신도 모르게 하는 실수 때문이다. 실수로 인한 것이라면 누구도 양심의 가책을 느끼지 않는다. 그러나 고의로 잘못을 저지르는 것은 양심의 눈을 감았기 때문이며, 그것은 누구보다 그렇게 행동한 자신이 가장 잘 알고 있다.

두 번째 잘못을 피하려면 이성에 의지해야 한다. 부모, 선배, 동료의 가르침과 교육을 통해 깨달은 진리와 우리 안의 이성을 빌려야 한다. 배움을 늘 몸의 한 부분으로 삼아야 한다. 우리 모두에게는 가르치고 교육해야 할 한 명의 학생, 바로 우리 자신이 있다.

스스로 배우고 터득한 것이 남에게 배워 익히는 것보다 훨씬 더 가치 있다. 학교를 마쳤다고 해서 배움이 끝난 것도 아니다. 이제 겨우 시작했을 뿐이다. 배움은 마지막 순간까지 평생 이어진다. 그러므로 세네카의 말을 되새겨라. "육체와 마찬가지로 정신을 단련한다면, 쾌락을 얻기 위해 애쓰는 만큼 지성을 수련한다면 이 세상은 얼마나 살기 좋은 곳이 될까."

내 인생의 주인은
누구인가

숙명론자들은 세상의 모든 것은 예정되어 있으며, 우리가 원하든 원하지 않든 일어날 일은 일어난다고 믿는다. 그들에게 인간은 우월한 힘에 지배당하는 자동인형일 뿐이다. 이들의 주장이 맞는다면 우리 인생에 과학은 존재하지 않는가? 바다를 항해하는 배는 키를 잡고 조종할 수 있는 것인가, 아니면 힘없이 휘말리며 표류할 수밖에 없는 것인가? "인간은 인간이며, 자기 운명의 주인이다." 그렇지 않다면 잘못은 자신에게 있다. 독일의 소설가 장 파울 리히터의 말처럼 "무엇이 되고자 하는 것은 곧 당신 자신이 되는 것이다. 당신이 무엇이 되고자 하고, 그 안에 진지하고 진실한 의도가 있다면 그렇게 될 수 있다."

이런 힘을 지니고 있다면, 자신이 어떤 존재가 되고 싶은지, 어떻게 하면 인생의 풍요로운 재산을 최대한 활용할 수 있을지 자신에게 질문해야 한다. 우리의 첫 번째 목표는 우리 자신을 최대한 효과적으로 활용하는 것이어야 한다. 독일의 언어철학자 훔볼트는 말한다. "인간의 목표는 자신의 능력을 가장 고귀하고 조화롭게 발전시켜 완전한 존재가 되는 것이다."

장 파울 리히터의 말을 다시 인용하면, "무엇인가를 만들어 낼 수 있을 만큼 자신을 최대한 끝까지 개발해야 한다." 그러나 이것이 이기적인 목적이어서는 안 된다. 그렇지 않으면 실패의 길로 빠져들 수밖에 없다. 영국의 철학자 베이컨이 말했듯이 "개인의 재산이라도 자신의 안위를 위해서만 사용해서는 안 된다." 플라톤과 아리스토텔레스, 부처, 바울과 같은 고귀하고 위대한 정신을 지닌 인물들은 단순히 자기만족을 위해 완전한 사람이 되고자 노력하지 않았다.

다른 사람들을 위해 최선을 다해야 하며, 그럴 때 우리 앞에 놓인 인생이 무엇인지 알 수 있다. 널리 알려진 그리스 명언 "너 자신을 알라"는 자신을 아는 것이 얼마나 중요하고 어려운지 알려준다. 몽테뉴는 이 진리를 그만의 방식으로 이렇게 말한다. "나는 이 세상에서 나보다 더 큰 괴물이나 기적을 본 적이 없다." 그리고 흥미진진함과는 거리가 먼 삶을 살았던 영국의 의사이자 작가 토머스 브라운마저 인생을 이렇게 표현했다. "기적과 같은 내 인생 30년은 역사에 비유할 수는 없지만, 한 편의 시나 짧은 우화 같았다."

유대왕국의 초대 왕 르호보암 시대부터 영국의 정치가이자 문인 체스터필드의 시대에 이르기까지 충고는 그다지 환영받는 일이 아니다. 나는 언젠가 들어본 뉴질랜드 원주민 개종자의 슬픈 운명을 지금도 잊을 수가 없다. 그 개종자가 죽고 난 뒤에 그가 속해 있던 부족의 족장이 선교사들에게 이렇게 말했다고 한다. "그가 우리에게 너무 많은 충고를 해서 결국 그를 죽여버리고 말았다." 그러나 눈앞의 값싼 충고를 받아들이지 않는 사람은 훗날 값비싼 후회를 사야 한다. 그래서 나는 특별한 존재가 되고자 하는 사람들에게 약간의 제언을 하려 한다.

사람들이 소중한 기회를 어떻게 낭비하는지 볼 때마다 안타까움과 슬픔이 밀려온다. 축복을 헛되이 낭비하거나 버리지 않는다면 얼마나 많은 사람이 행복해질까.

드넓은 진리의
바다에서

행복은 상상이 아닌 현실이어야 한다. 사람들은 즐겁다는 이유만으로 그 일이 즐겁고, 그것이 다른 이름으로 불린다면 싫어할지도 모른다. 그런가 하면 쓸모없는 일을 하면서도 즐기고 있다고 착각하기도 한다. 그리고 어떤 사람들은 행복을 육체적인 쾌락에만 한정한다. 그러나 정신적인 행복은 감각적인 쾌락보다 더 강렬하고 지속적이다.

육체의 건강은 정신의 건강에 의해 좌우된다. 그런데도 우리는 정신의 건강을 소홀히 하거나 무심하게 해친다. 우리는 예술 작품에서 누릴 수 있는 행복의 반도 제대로 누리지 못하고 있다. 우리나라 사람들 중 몇 퍼센트가 미술관에 가보았는지 궁금

하다. 그것을 감상하기 위해 스스로 공부한 적이 있는가? 과학의 진정한 가치를 알기 위해 공부하는 사람은 얼마나 될까? 우리는 지금 발을 딛고 있는 이 세상과 머리 위의 파란 하늘이 선사하는 아름다움을 누리지 못한다. 그나마 음악은 충분히 즐기고 있다고 할지 모르지만, 그조차 충분하지 않다.

생존만으로 살아가는 동물과 달리 인간은 이성적인 존재라고 자랑한다. 그러나 그렇게 자랑하는 이성을 정작 인류의 행복을 위해서는 얼마나 쓰고 있는가? 심지어 이성도 '저주받은 유산'이라는 의심을 받아왔으며, 실제로 냉소주의자인 그리스 키니코스학파 철학자들은 이성이 행복보다는 고통과 불행의 원천이라고 주장하기도 했다.

동물과 달리 인간은 고민하고 괴로워한다. "우리는 헛된 그림자에 사로잡혀 자기 자신을 불안하게 한다"는 말처럼 인간은 의심과 두려움, 집착과 근심으로 자신을 고문한다. 설명하기 어려운 일들이 우리를 둘러싸고 있지만, 그렇다고 해서 초조해하거나 전전긍긍해서는 안 된다.

걱정하거나 불안해하며 지낼 필요는 없지만, 절대 실수할 리 없다고 생각하는 일이라도 늘 주의해야 한다. 체스터필드는 말한다. "악덕을 피할 때보다 미덕을 올바르게 행할 때 더 세심한 판단력이 필요하다. 악덕의 진짜 모습은 너무 추해서, 우리를 안심시키기 위해 미덕이라는 가면을 쓰고 나타난다."

우리는 모두 선한 심성을 타고났지만, 무자비함과 냉혹함에 굴복한 사람들도 있다. 영국의 정치가 파머스턴은 모든 아이가 선하게 태어난다고 주장했다가 비판을 받았다. 그러나 한 아이가 자라서 악인이 되었다면 그 과정에서 수많은 문제가 있었을 것이다.

영국의 의사이자 작가 토머스 브라운은 "세상의 타락했다고 해도 우리가 한순간에 악인이 되는 법은 없다. 파멸의 길에 이르는 데는 그만큼의 시간과 의지가 필요하다. 인간은 하늘에서 떨어진 불과 대장간의 신 불카누스처럼 하루아침에 선에서 벗어나지는 않는다"고 말했다.

개인에서 인류로 눈을 돌려보면, 자신에게 주어진 혜택을 깨닫지 못하는 사람이 너무나 많고, 이 사실에 놀라지 않을 수 없다. 우리는 여전히 영국의 물리학자 뉴턴의 고백을 되풀이하고 있다. "나는 미지의 드넓은 진리의 바다가 펼쳐져 있는데도 그걸 보지 못한 채 해변 여기저기를 뛰어다니며 조금 더 예쁜 조개나 고운 해초를 줍는 어린아이에 지나지 않는다."

우리는 아침부터 밤까지 일하지만, 이 세상을 구성하는 물질의 성질과 사용법을 제대로 이해하지 못하고 있다. 우리가 그 물질의 성질과 힘을 더 효과적으로 사용할 수만 있다면 어떨까? 한두 시간만 일해도 필요한 것을 충분히 얻을 수 있고, 나머지 시간을 정신을 고양하는 데 쓸 수 있을 것이다.

옛사람들은 전기의 존재조차 몰랐지만, 이제는 그 원리를 이해하고 있다. 마취제가 조금만 더 일찍 세상에 나왔다면 사람들이 끔찍한 고통에서 벗어날 수 있었을 것이다.

이런 예를 열거하려면 두꺼운 책 한 권으로도 모자랄 것이다. 수천 가지의 다른 발견이 우리 앞에, 심지어 눈앞에 놓여 있다는 것을 의심할 사람은 아무도 없다. '드넓은 진리의 바다'가 펼쳐져 있는데도 국가들이 서로 이기기 위해 막대한 돈을 들이부으며 더 많은 땅을 차지하겠다고 짐승처럼 싸우는 것을 보면 경악스럽기만 하다.

체스터필드가
보낸 편지

　이전 세대는 자녀들에게 읽고 쓰는 법을 가르치지 않고, 교육보다는 별 탈 없이 자라기만 바랐다. 이에 반해 지금은 '과잉 교육'을 비난하는 이들이 적지 않다. 정말 지금은 교육이 넘치는 세상인가? 그들이 말하는 과잉 교육이란 일상생활과는 아무런 관계도 없다. 그들은 무지에 더 많은 돈을 들인다는 사실을 깨닫지 못한 채 그 비용을 아까워한다. 모든 자녀가 일정 수준의 교육을 받는 지금, 과연 가장 적절한 교육제도를 채택하고 있는지 한 번쯤 돌아봐야 한다.

　우리 학교 교육은 모든 교육의 근간인 윤리 교육을 지나치게 등한시해왔으며, 그 결과 잘못된 사고가 일반화되었다. 반드시 지켜야 할 규범을 어기면 당연히 다른 사람을 불행하게 할 수 있다는 사실을 인정하면서도, 현재 삶에서는 자신만의 행복을 더하고 더 잘살 수 있으리라 생각한다.

방종과 탐욕, 무절제, 나태를 비롯한 '즐거운 악덕들'은 변명의 여지없이 나쁘다. 다른 사람을 희생히더리도 자신의 이익을 먼저 챙겨야 한다는 생각, 모두가 자기 자신만 편안하고 즐거운 삶을 선망한다는 생각, 선하고 고결한 사람이 되기 위해서는 아무리 옳고 고상한 것이라도 순수한 즐거움마저 피해야 하고 자기희생적인 삶을 살아야 한다는 생각은 모두 잘못된 것들이다.

끝이 보이지 않는 근심을 안고 하찮고 초라한 목동 일을 한들 무슨 소용인가. 영감조차 우러나오지 않는 시를 읊은들 또 무슨 소용인가. 차라리 다른 이들처럼 그늘 아래에서 아마릴리스 꽃과 어울려 노닥거리거나 네아이라의 머리카락을 만지작거리는 편이 낫지 않을까.

— 밀턴

진실은 그 반대다. 무절제와 방종이라는 악의 특권과 상관없이, 악인이란 이 세상에서 가장 사악한 주인인 바로 자기 자신의 욕정의 노예가 되는 것이다.

어떤 젊은이들은 악행에 무언가 '남자다움'이 깃들여 있다고 생각하기도 한다. 그러나 악행은 허약하고 열등한 바보들이나 하는 짓이다. 도덕적인 사람이 되려면 용감해야 한다. 도덕적인 사람이 되면 더없이 자유롭다. 악한 인간은 힘없이 끌려다니는 노예에 불과하다. 어떤 행동은 그것이 나빠서 부도덕한 것이 아니라 부도덕하기에 나쁘다. 도덕이 전도되어 그른 것이 옳은 것이 된다고 해도 행복과 마음의 평화에는 여전히 치명적일 수밖에 없다.

죄와 슬픔이 떼려야 뗄 수 없는 관계라는 것을 뒷받침하기 위해 특별히 학자의 말을 인용할 생각은 없다. 이런 주제는 체스터필드처럼 훌륭한 인물이 생활 속에서 터득한 지혜를 들여다보는 것만으로도 충분하다. 그는 아들에게 보내는 편지에서 지혜로운 조언을 아끼지 않았고, 편지를 이렇게 마무리했다. "그것이야말로 미덕에 주어지는 보상이며 네가 본받아야 할 성품이다. 네가 위대하고 진실한 사람이 되는 것이야말로 행복한 사람이 되는 유일한 길이다."

근대 철학의 포문을 연 프랑스 철학자 데카르트는 실천적인 생활을 위해 지켜야 할 네 가지 원칙을 세웠다. 첫째, 내가 태어나고 자란 사회의 법과 종교를 준수한다. 둘째, 최선의 행동이 필요한 경우에는 최선의 판단에 따라 즉시 행동하고 그 결과에 후회하지 않는다. 셋째, 욕망을 채우려 하기보다는 욕망을 줄여 가면서 행복을 추구한다. 넷째, 진리 탐구를 평생의 업으로 삼는다.

존 릴리는 소설 《유퓨즈, 지혜의 일부》에서 다음과 같이 충고했다. "양과 함께 잠들고, 종달새와 더불어 깨어나라. 마음껏 즐거워하되 겸손할 줄 알고, 차분하되 음울해지지 말고, 용감하되 무모해지지 말라. 의복은 간소하게 하고, 영양가 있는 음식을 먹되 과식하지는 말고, 여가 시간은 건전한 오락을 즐기며 보내라. 이유 없이 남을 의심하지 말고, 근거 없이 경솔히 믿지도 말라. 다른 사람의 의견을 맹목적으로 따르지도 말고, 자기 의견만 고집하는 완고한 사람이 되지도 말라. 하느님을 섬기고 경외하고 사랑하라. 그러면 하느님도 그대가 소망하거나 그대 친구들이 그대를 위해 기도하는 만큼 그대에게 축복을 내려주실 것이다."

자신의 이익을 분별없이 좇는 사람만이 자신과 다른 사람들을 불행하게 하는 것은 아니다. 훌륭한 사람이나 좋은 의도를 담은 양서들도 이와 비슷한 실수를 저지른다. 이런 사람과 책은 행복한 삶을 무조건 악한 삶으로, 자기희생을 미덕으로, 종교를 금욕적인 생활로 묘사한다.

극단적이겠지만 중세의 종교재판관을 그 예로 들 수 있다. 그들이 훌륭한 인격을 갖추고 친절하고 심지어 자비로운 품성을 지녔을지라도 그들은 기독교의 본질을 완전히 왜곡했다.

일상생활에서 마주하는 덕망 있는 사람들 중에도 행복을 죄악으로 여기는 이들이 있다. 그들은 종교의 참된 정신을 까다롭고 심술궂고 음울한 것으로 여긴다. 또한 우리를 둘러싼 밝고 빛나고 따뜻한 자연마저도 축복이 아니라 악이며, 모든 선을 만들어낸 창조주가 우리에게 아무 조건 없이 베풀어주는 최고의 기쁨이 아니라 악령이 만들어낸 유혹일 뿐이라고 생각한다.

먼 슬픔이 아니라
곁의 기쁨으로

영국의 시인 윌리엄 쿠퍼는 단 두 줄로 된 아름다운 시에서 이렇게 노래했다.

슬픔의 길, 오직 그 길만이
우리를 슬픔 없는 곳으로 인도하느니.

슬픔 없이 평생을 살아갈 수 없다는 것은 의심할 여지없는 사실이다. 인생에는 끝이 있고, 이 때문에 사랑하는 사람을 언젠가는 잃을 수밖에 없다는 사실을 받아들이기란 너무나 힘든 일이다. 우리의 존재는 더없이 복잡하고 세상은 아직 미숙한 반면, 우리는 우리 존재에 꼭 필요한 것들과 우리를 둘러싼 물질과 힘의 본질을 제대로 이해하지 못한다. 따라서 슬픔과 고통이 느닷없이 우리를 찾아오는 것은 어쩌면 당연한 일인지도 모른다. 그러나 쿠퍼는 슬픔의 길, '오직 그 길만이' 우리를 천국으로 인도하며, 따라서 행복한 인생에는 필연적으로 슬픔과 같은 불행이 따른다고 말한다.

이처럼 모순된 주장은 그렇지 않아도 불안해하는 영혼들에 더 큰 걱정과 근심과 존재에 대한 물음을 떠안게 한다. 똑똑한 젊은이들은 자신이 누리는 행복 때문에 오히려 자책하며 자신을 괴롭힌다. 그러나 젊은이라면 특히 행복이라는 선물에 감사해야 하며, 그 선물을 슬픔이나 병 때문에 기쁨과 햇살의 온기를 품지 못하는 사람들의 인생을 밝게 비추는 데 사용해야 한다. 쿠퍼는 청교도와는 거리가 먼 사람이었지만, 행복한 인생이 필연적으로 불행을 포함한다는 그의 가르침은 "곰에게 고통을 가져다주기 때문이 아니라 구경꾼들에게 기쁨을 주기 때문에 곰 곯리기 놀이를 반대한다"라는 정치학자이자 역사학자인 매콜리의 말과 다르지 않다.

사람들은 존재의 물음에 대한 답을 찾지 못해서 자기 자신을 고문하고 괴롭힌다. 영국의 계관시인 로버트 사우디는 말한다.

"정직하고 지혜로운 사람도 때로 세상에 분노하고 슬퍼할 수 있다. 그러나 자신의 의무를 다한 사람은 세상에 불만을 품지 않는다."

세상의 수수께끼는 오직 하느님이 선하시다고 믿는 사람만이 풀 수 있다.

– 존 휘티어

세네카는 말한다. "어떤 의무라도 이루고 나면 우리 삶은 더 행복해지며, 어떤 유혹에도 예방책은 있다." 또한 밀턴은 자연을 원망하지 말라고 냉정하게 말한다.

자연은 제 몫을 다했으니 이제 네가 할 일을 하라.

애초에 우리가 우리의 눈에 보이는 아름다운 자연과 귀에 들려오는 음악을 온전히 즐기지 못할 존재였다면 창조주가 이것들을 만들지 않았을 것이다. 로마 시대의 철학자 보이티우스는 《철학의 위안》에서 말한다. "한 사람이 다른 사람에게 얼마나 많은 평화를 가져다줄 수 있으며, 올바른 행동을 할 때 얼마나 큰 기쁨을 누릴 수 있는지 헤아리기란 불가능하다."

만약 지금이 역사상 가장 경이롭고 흥미롭고 문명화된 시대라면, 그것은 우리가 이룬 것이 아니라 행운이며, 자랑스러워하기보다는 감사해야 할 일이다.

인생의 수많은 축복에 감사하고 이를 누린다고 해서 슬픔이나 불안이 모두 사라지기를 기대할 수는 없다. 영국의 작가 월폴은 인생을 "생각하는 사람에게는 희극이지만, 느끼는 사람에게는 비극"이라고 묘사했다. 실제로 인생은 비극이거나 희극적인 순간이 많지만, 우리의 선택에 따라 달라지게 마련이다.

소크라테스는 "선한 사람에게는 삶에서나 죽음에서나 어떤 악한 일도 일어날 수 없다"라고 말했다. 희망의 예언들이 절망의 예언보다 더 환영받고 정당화되어 왔지만, 지금까지 우리는 슬프고 고통스러운 순간만 하나하나 헤아리면서도 행복한 시간은 알아차리지 못한 채 흘려버렸다.

스스로 일어서는 사람은
얼마나 행복한가

항상 성공하기를 기대할 수는 없고, 신을 본받는다고 해서 늘 신처럼 살 수도 없다. 때로는 자연조차 실패한다. 그러니 독일의 신비사상가 이토마스 아 켐피스가 《그리스도를 본받아》에서 말했듯 "건강과 풍요로움에 교만해지지 말며, 그 어떤 역경에도 절망하지 말라."

"좁은 문으로 들어가라. 멸망으로 인도하는 문은 크고 그 길이 넓어 그리로 들어가는 자가 많고 생명으로 인도하는 문은 좁고 길이 협착하여 찾는 자가 적음이라." 널리 알려진 이 성경 구절이 종종 잘못 적용되곤 한다. 올바른 길이 더 험하고 고통스러운 것은 아니다. 단지 좁으며 찾기가 쉽지 않을 뿐이다. 숲한 샛길이 있지만, 올바른 길은 단 하나뿐이다. 바다를 항해하는 배에 올바른 항로는 단 한 곳이다. 그 목적지 외에 나침반 바늘이 지시하는 다른 모든 곳은 그 배가 '원래 도착해야 할 항구'에서 멀어지게 한다. 그렇다고 해서 올바른 항로가 다른 항로보다 더 험하거나 폭풍우가 몰아치는 것은 아니다.

물론 잘못되거나 현명하지 못한 일이 우연히 큰 즐거움을 안겨주거나 잠깐 우리를 기쁘게 하기도 한다. 이를 부인하는 것은 유혹이라는 존재 자체를 의심하는 것이므로 터무니없는 일일 것이다.

다만 내가 말하고자 하는 것은, 그런 충동에 굴복한다면 미래의 슬픔을 희생해 잠깐의 쾌락을 얻는 것이며, 하찮은 이익을 얻으려고 많은 것을 포기해야 한다는 사실이다. 성경에서 이삭의 장자 에서가 팥죽 한 그릇을 얻으려고 장자의 권리를 팔아넘긴 것과 마찬가지다. 그것은 "잠깐의 쾌락과 훗날의 긴 후회를 맞바꾸는 것"이다. 사실 결코 먼 나라의 이야기가 아니라 현세에 대해서만 말한다면, 행복해지고 싶다면 선하게 살기 위해 노력해야 한다.

성공과 행복은 항상 함께 가는 것은 아니다. 행복해질 수 있는 모든 것을 가지고 있음에도 비참하게 사는 사람이 많다. 그래서 보일의 이 말은 언제나 옳다. "부는 많은 것을 줄 수 있지만, 그것을 풍요롭게 하는 것은 마음이다."

내 마음은 내게 왕국이느니 나는 찾았네, 그 안에서 있는 행복들을.

– 다이어

프랑스의 사상가 보브나르그는 "누구에게나 부와 지위, 명예를 얻을 능력이 있는 것은 아니다. 그러나 누구나 선하고 너그럽고 지혜로워질 수는 있다"라고 말했다.

진정한 부는 우리가 가진 것이 아니라 우리가 어떤 사람인가에 달렸으며, 우리가 누리는 혜택에는 그에 상응하는 책임이 따른다. 초기 기독교 교부인 성 크리소스토무스는 지적한다. "현재의 상태는 연극 공연이며, 인간의 행동도 한 편의 연극이다. 부자와 가난한 자, 지배하는 자와 지배받는 자 모두 극중 역할에 불과하다. 그러나 이 시간이 지나고 나면 극장의 문은 닫힐 것이고 분장도 지워질 것이다. 그때 각자는 극중 역할이나 재산, 지위, 권세가 아닌, 그 자신이 한 일로 심판을 받으리라." 우리가 한 일이 그 심판에서 합격하게 되기를 희망하자.

어떤 심판이 기다리고 있을까? 얼마나 많은 일을 했거나 인생에서 성공했는지가 아니라 인생에서 성공할 자격이 있는지, 즉 얼마나 노력했느냐를 평가할 것이다.

태어나서 늘 배우고 다른 사람의 의지에 굴복하지 않는 사람은 얼마나 행복한가. 정직한 사고는 그의 갑옷이요, 단순한 진리는 그가 지닌 최고의 기술이라네.

— 헨리 워턴

사악하고 방종한 삶이 아닌 지혜롭고 선한 삶이 진정 행복한 삶이며, 자신을 망치는 것이야말로 가장 큰 죄악이다. 그러므로 솔로몬의 말을 잊지 말라.

내 아들아, 나의 법을 잊어버리지 말고 네 마음으로 나의 명령을 지키라. 그리하면 그것이 네가 장수하여 많은 해를 누리게 하며 평강을 더하게 하리라.

—〈잠언〉 3장 1~2절

지혜로운 사람은 무엇이 다른가

돈이 들지 않아도
살 수 있는 것

인생에서 성공하려면 지혜가 재능보다 중요하지만, 지혜는 타고나지 않는 한 쉽게 얻기가 어렵다. 그러나 다른 사람들이 원하는 것이 무엇인지 깊이 살펴보면 어느 정도는 지혜로워질 수 있다.

다른 사람에게 즐거움을 줄 기회를 절대 놓치지 말라. 무엇보다 모두에게 예의를 갖춰라. 메리 워틀리 몬태규는 터키를 여행하는 동안 지인들에게 쓴 편지를 정리한 《터키 대사관 편지》로 널리 알려진 서간문 작가다. 그녀는 이 책에서 "예절을 지키는 데는 비용이 들지 않는다. 그러나 그 예절로 무엇이든 살 수 있다"라고 했다. 실제로 예절은 돈으로 살 수 없는 많은 것을 살 수 있다. 그러므로 누구를 만나더라도 그 사람의 마음을 얻도록 노력하라. 영국의 위대한 재상 윌리엄 세실은 엘리자베스 여왕에게 이렇게 말했다. "사람들의 마음을 얻으면 그들의 지갑까지 얻을 수 있습니다."

지혜는 종종 힘으로도 얻지 못하는 것들을 얻게 해준다. 릴리는 '태양과 바람' 우화를 인용한다. "이것은 누가 승리하는지에 대한 아주 유명한 이야기다. 한 신사가 길을 걷고 있었다. 바람이 그의 옷을 벗겨보겠다고 엄청난 돌풍을 몰아치게 했다. 그러나 바람이 거세질수록 신사는 옷을 더욱더 단단히 여몄다. 이번에는 태양이 뜨거운 햇살을 내리쬐어 신사를 점점 더 더워지게 했다. 이 때문에 정신마저 몽롱해진 신사는 외투뿐 아니라 겉옷도 벗어버렸다. 결국 바람은 태양에게 항복했다."

사람을 이끌 때는 몰아붙이기보다 앞장서서 이끌어주어야 한다. 어떤 경우라도 강요하기보다는 친절하게 인도하는 편이 더 큰 효과를 낸다는 사실을 잊지 말라.

무엇을 원하든 칼로 협박하기보다 미소로 응대하라.

― 셰익스피어

정치권에도 불문율이 있다. "너무 심하게 다스리지 말 것(pas trop gouverner)."

만나는 사람들의 신뢰를 얻고, 더 나아가 신뢰를 받을 자격을 갖추도록 노력하라. 능력보다는 인품으로 사람들과 사회에 영향력을 끼치는 사람이 훨씬 많고, 우리는 그들에게 많은 빚을 지고 있다. 영국의 성직자 시드니 스미스는 자주 스코틀랜드의 정치가 프란시스 호너를 언급하곤 했다. 프란시스 호너는 어떤 고위직도 맡지 않았지만 인품만으로 의회에서 상당한 영향력을 행사했다. 스미스는 이런 그에 대해 십계명이 그의 얼굴에 새겨져 있었다고 말했다.

사람들이 원하는 것을 최대한 합당하고 현명하게 들어주되, "아니오"라고 말하는 것을 두려워하지 말라.

누구나 "예"라고 대답할 수는 있지만, 모든 사람이 흔쾌히 "예"라고 말하기는 쉽지 않다. 더구나 "아니오"라고 말하는 것은 훨씬 더 어렵다.

많은 사람이 그렇게 하지 못해 낭패를 봐야 했다. 《플루타르코스 영웅전》을 쓴 그리스의 전기 작가 플루타르크는 소아시아 주민들이 "아니오"라는 한 음절을 발음하지 못해서 식민지 신세가 되었다고 말한다. 세상을 살면서 "아니오"라고 말하는 것은 처세에 필수적이며, 그 말을 기분 좋게 할 줄 알아야 한다.

당신과 거래하는 모든 사람이 당신과의 거래를 기뻐하고 다시 거래하고 싶도록 늘 노력해야 한다. 사업은 흔히 생각하는 것보다 훨씬 더 감정과 느낌에 좌우된다. 모든 사람이 친절하고 공손한 대접을 받으려 하며, 물건 값을 반으로 깎아주는 것보다 솔직하고 기분 좋은 태도를 보이는 것이 거래를 성사시키는 데 훨씬 더 효과적이다.

누구나 마음만 먹으면 호감을 주는 사람이 될 수 있다. 체스터필드는 《편지》에서 "상대방을 기분 좋게 해주고 싶다고 생각하는 것만으로도 절반은 이룬 셈이다"라고 말한다. 반면에 그런 생각조차 갖지 않는 사람은 다른 사람을 기쁘게 할 수 없다. 어렸을 때 이 위대한 선물을 갖추지 못한다면 나이를 먹을수록 훨씬 더 어려워진다.

어떤 확실한 능력이 없어도 예의 바른 태도 덕분에 인생에서 성공을 거둔 사람들이 있으며, 반면에 착한 심성과 좋은 의도가 있으면서도 거친 말과 행동 때문에 상대를 적으로 만드는 사람도 많다. 다른 사람을 기쁘게 해준다는 것은 그 자체로 큰 즐거움이다. 한번 시도해보라. 절대 실망하지 않을 것이다.

신중함을 늦추지 말고 침착함을 유지하라. 따뜻한 마음만큼이나 냉철한 머리도 필요하다. 어떤 종류의 협상에서든 침착하고 냉철한 태도는 매우 중요하며, 이는 아무리 위험하고 어려운 순간이라도 안전하게 헤쳐 나가게 해준다.

자신보다 똑똑하지 않은 사람을 만나더라도 그들을 무시할 권리는 없다. 물려받은 뛰어난 재능은 물려받은 엄청난 재산과 마찬가지로 자랑스러워할 만한 것이 아니다. 다만 그것을 현명하게 사용할 때만 충분히 자랑할 만하다.

어리석다고 생각한 그 사람은 보기보다 훨씬 영리하며, 그런 사람은 세상이 너무나 많다. 그들을 제대로 파악하는 것은 책의 내용을 이해하는 것보다 훨씬 더 어렵다. 이 점에서 눈은 훌륭한 안내자다. 미국의 철학자 에머슨은 말한다. "눈이 한 가지를 말하고 혀가 다른 것을 말할 때, 노련한 사람이라면 눈의 말을 믿는다."

지나치게 친절한 말을 하는 사람은 믿지 말라. 남자가 남자를 혹은 여자가 여자를 첫눈에 사랑하게 되는 경우는 없다. 별로 친하지 않은 사람이 지나치게 많은 맹세를 하거나 약속을 한다면, 그를 신뢰하지 말라. 그가 그렇게 하는 것은 과장하고 있거나 당신에게서 무언가를 바라기 때문이다. 그러므로 그가 그렇게 공언한다고 해서 함부로 믿지 말고, 경솔하게 적으로 단정해서도 안 된다.

우리는 스스로 자신이 이성적이고 지적인 존재라고 뽐내지만, 인간이 항상 이성에 따라 행동한다고 생각한다면 큰 착각이다. 우리는 미숙하고 일관성이 없는 존재이며, 편견이나 감정에 따라 행동할 때가 많다. 그러므로 상대를 이성으로 설득하기보다 감정에 접근해 호소하는 편이 훨씬 더 수월하다. 이것은 개인보다는 집단을 상대로 할 때 더 확실한 효과를 발휘한다.

논쟁은 항상 위험을 수반하며, 논쟁으로 인해 종종 관계가 냉담해지고 오해가 생기기도 한다. 논쟁에서 이긴 대가로 친구를 잃을 수도 있는데, 이것은 아무런 이익도 되지 않는다.

꼭 논쟁해야 할 경우라면, 상대방의 주장을 최대한 인정하되 그가 미처 생각하지 못한 것을 지적하라. 자신이 최악의 논쟁을 벌이고 있으면서도 그것을 깨닫는 사람은 거의 없으며, 자신이 틀렸다는 것을 알았다고 해서 상대방을 인정하는 것도 아니다.

사실 논쟁으로 상대방을 설득시키려는 것은 거의 소용없다고 해도 지나친 말이 아니다. 자신의 주장을 가능한 한 명확하고 간결하게 설명하라. 그렇게 해서 상대방이 확신하는 견해를 조금이라도 흔들 수 있다면 그것으로 충분한 효과를 거두는 셈이다. 그것이 논쟁에서 이기는 첫걸음이다.

부드러움이
강함을 이기듯이

　대화는 그 자체로 하나의 예술이다. 말을 많이 했다고 말 잘하는 것이 절대 아니다. "말수 적은 보병 대위가 데카르트나 뉴턴보다 더 나은 말동무다"라고 한 체스터필드의 말은 또한 지나친 면이 있다. 상대의 말을 잘 듣는 것이 말을 잘하는 것보다 어렵다고 주장하려는 것은 아니다. 그러나 상대방의 말을 경청하는 것은 결코 쉬운 일이 아니며, 말을 잘하는 것 못지않게 중요한 일이다.

　모든 말을 비평가나 재판관의 관점에서 들으려 하지 말고, 판단을 잠시 멈추고 말하는 사람의 마음으로 들어가려고 노력해야 한다. 당신이 친절하고 공감하는 태도를 보인다면, 많은 사람이 당신에게 조언을 구하려 할 것이고, 당신은 고통과 어려움에 처한 사람들에게 도움과 위로를 주었다는 데 만족감을 느낄 것이다.

젊은 시절에는 지나치게 많은 관심을 받으려고 하지 말라. 다만 가만히 앉아, 그들이 하는 말을 듣고 관찰하라. 투명인간이 되는 마법 모자를 쓴 것처럼 남의 주목을 받지 않는 곳에서 관찰할 때 비로소 전체 상황을 더 분명하게 읽을 수 있다.

사람들은 대부분 스스로 생각하기를 귀찮아한다. 그런 수고를 피하기 위해 그저 당신이 당신을 평가하는 그대로 당신을 받아들인다.

어리석은 자의 어리석은 것을 따라서 그에게 대답하지 말라.
너도 그와 같을까 염려하노라.

− 〈잠언〉 26장 4절

"부드러운 대답이 분노를 물리친다"라는 말을 명심하라. 그러나 분노에 찬 대답이더라도 비웃음보다는 낫다. 열 명 중 아홉 명은 비웃음당하느니 차라리 욕을 먹거나 상처를 입는 편이 낫다고 생각한다. 사람들은 조롱당한 일을 그 어떤 일보다 오래도록 잊지 못한다. 그러므로 적을 만들지 말라. 이보다 더 나쁜 것은 없다.

아테네 사람인 트라실라우스는 실성해서 피래우스 항에 있는 모든 배가 자기 것이라고 생각했다. 그러다 소크라테스의 제자 크리토에게 치료를 받고 제정신으로 돌아온 뒤에는 배를 전부 도둑맞았다고 비통해하며 이렇게 말했다. "속았다는 걸 깨닫는 것보다 속은 채로 있는 편이 낫다."

체스터필드는 "농담 때문에 친구를 잃는 것은 어리석은 짓이지만, 농담 때문에 중립적이었던 사람을 적으로 만드는 것 또한 어리석은 짓이다"라고 말했다.

영국의 극작가 조지 파쿼의 희곡 〈멋쟁이들의 계략〉에 스크럽이라는 인물이 등장해 이렇게 말한다. "저들이 저토록 왁자지껄하게 웃는 걸 보니 내 얘기를 하는 게 분명해." 그러나 그처럼 성급하게 의심하거나 비웃음을 당하고 있다고 생각하지 말라. 오히려 비웃음을 당했다면 그 비웃음을 이겨내려고 노력하라. 그들과 어울려 상황을 반전시킬 수 있다면, 잃는 것보다 얻는 것이 더 많을 것이다.

사람들은 자신을 희생하면서 웃을 줄 아는 사람을 좋아한다. 이것은 유머 감각과 센스가 뛰어나다는 것을 보여준다. 자신을 조롱거리로 만들지 말아야 하지만, 만약 자신을 놀리는 농담을 듣더라도 함께 웃어라. 자신이 웃음거리의 소재가 되더라도 의연하게 대처하면, 그들도 비웃기보다 함께 웃어넘길 것이다.

자신의 의견을 용기 있게 밝힐 수 있어야 한다. 때로는 웃음거리가 될 수도 있지만, 그렇다고 해서 상처를 받을 필요는 없다. 자신의 참모습을 보인다면 웃음거리가 될 일은 없지만, 자신이 아닌 것처럼 꾸미려 한다면 남들의 웃음거리가 된다. 사람들은 종종 실재하지도 않는 고민 탓에 괴로워하고 화를 내고 냉담해진다.

솔직하되 신중하라. 자신에 대해 말을 많이 하지 말라. 자신을 위해서라도 자신에게 불리한 말은 하지 말고, 다른 사람들이 자신에 대해 말하려 할 때는 말하게 두어라. 그들이 그렇게 한다면 그것은 그들이 그렇게 하는 것이 즐겁기 때문이며, 그들은 그 말을 진심으로 들어주는 당신에게 호감을 느낄 것이다.

어쩔 수 없는 경우가 아니라면, 당신이 상대를 바보나 멍청이라고 생각한다는 것을 절대로 드러내서는 안 된다. 그렇지 않으면 상대는 불만을 품을 충분한 이유가 생긴다. 당신의 판단이 틀렸을 수도 있고, 상대도 나름대로 합당한 근거로 당신을 바보라고 판단할지도 모른다.

영국의 보수주의 정치가인 버크는 "국가를 상대로 고소장을 쓸 수는 없으며, 그 어떤 계층이나 직업을 공격하는 것도 현명하지 못할 뿐 아니라 정당하지도 않다"고 말했다. 개인은 종종 쉽게 잊어버리거나 용서하겠지만 집단은 절대 그렇지 않다. 게다가 개인은 상처 입은 것은 쉽게 용시해도 모욕을 당한 일은 좀처럼 잊지 않는다. 남들 앞에서 모욕을 당한 것만큼 불쾌한 일은 없다. 상대를 기분 나쁘게 하거나 웃음거리로 삼는다면 결코 상대의 마음을 얻을 수 없다.

관계의 시작은
사람을 아는 것

　괴테의 비서이기도 한 문필가 요한 페터 에케르만의 《에케르만과의 대화》를 보자. 이 책에서 괴테가 말했다. "영국인들은 매우 자신감 넘치고 차분해서 모든 곳에서 주인이 되고, 온 세상이 그들의 것으로 생각하도록 만듭니다." 이 말에 에케르만은 "영국의 젊은이들이 독일의 젊은이들에 비해 더 똑똑하거나 더 교육을 많이 받았거나 더 선하지도 않습니다"라고 대답했다. 그러자 괴테가 말했다. "내가 말하려는 건 그것이 아니며, 그런 건 중요하지도 않습니다. 그들의 우수성은 그런 점에 있지 않으며, 그들의 출생과 재산에 있는 것도 아닙니다. 그들의 용기가 그렇게 만든 것입니다. 그들은 완전하게 자신을 드러냅니

다. 가끔은 진짜 바보들이 있다는 것도 인정하지만, 그런 모습
마저도 중요하며 그 나름대로 가치를 지닙니다."

어떤 사업을 하더라도 협상에서 인내심을 잃지 말아야 한다.
사람들은 자신의 요구를 들어주기보다 이야기를 들어주기를 바
란다. 그 이야기를 끝까지 들어준다면, 상대는 당신의 인내에
경의를 표하고 기꺼이 두 손을 들 것이다.

절대 화내지 말고, 화가 나더라도 말로 표현하거나 겉으로 드
러내지 말라.

분을 그치고 노를 버리라. 불평하지 말라. 행악에 치우칠 뿐
이니라.

— 〈시편〉 37장 8절

유순한 대답은 분노를 쉽게 하여도 과격한 말은 노를 격동하
느니라.

— 〈잠언〉 15장 1절

원하지 않는 곳에 들어가려 애쓰지 말라. 당신을 필요로 하는
곳은 얼마든지 있다. 존 셀던의 《탁상 담화》에 이런 이야기가

나온다. 제임스 왕이 파리에게 말했다. "나는 세 왕국을 다스리고 있다. 그런데도 너는 왜 내 눈앞에서만 날아다니느냐?"

어떤 사람들은 슬픈 기억을 되살리거나 의견 차이를 불러일으키는 말을 해서 충돌을 일으키곤 한다.

인간을 이해하는 것보다 더 유용한 학문은 없다. 누구를 믿을 수 있고 누구를 믿을 수 없는지 뿐만 아니라 어디까지 무엇을 믿을 수 있는지 현명하게 판단하는 능력은 매우 중요하다. 이는 결코 쉬운 일이 아니다. 함께 일할 사람과 부릴 사람을 잘 골라라. 즉 네모난 구멍에는 네모난 사람을 쓰고, 둥근 구멍에는 둥근 사람을 써라.

공자는 말한다. "의심스러운 사람이라면 중용하지 말고, 만약 중용했다면 의심하지 말라."

남을 신뢰하는 사람이 의심이 많은 사람보다 옳을 경우가 더 많다. 그러나 신뢰는 완전해야 하되 맹목적이어서는 안 된다. 아서 왕의 전설에 나오는 멀린은 아주 지혜로운 사람이었지만, "전부가 아니면 전혀 믿지 말라"라는 요정 비비안의 간청을 그대로 받아들여 목숨을 잃고 말았다.

항상 신중하라. 자기 생각을 남에게 쉽게 드러내지 말라. 자신의 비밀을 지키지 못하면서 남이 내 비밀을 지켜주리라 기대할 수는 없다. "지혜로운 사람의 입은 그의 마음속에 있고, 어리석은 사람의 마음은 그의 입에 있으니, 어리석은 사람은 알거나 생각하는 것을 모두 말해버린다."

늘 생각하고, 이성에 의지하라. 이성이 늘 옳은 것은 아니더라도 늘 이성에 의지한다면 실수할 가능성이 줄어든다.

말이 은이라면, 침묵은 금이다.

많은 사람이 해야 할 말이 있어서가 아니라 단순히 말하는 것이 좋아서 말을 한다. 말하기는 혀가 아닌 머리의 활동이어야 한다. 말하기를 위한 말하기, 즉 수다는 성공에 치명적이다. 영국의 신학자이자 철학자 조셉 버틀러는 《설교집》에서 이렇게 말한다. "사람들은 말의 열기에 휩싸여 처음에 의도했던 것과는 전혀 다른 말을 한다. 그러고는 나중에 그 말을 하지 않았으면 좋았을 거라고 후회한다. 또 의도하지 않았던 말, 즉 쓸모없는 말을 하고는 그 말에 자기가 얽매였다는 것을 깨닫는다. 이처럼 무절제하고 경솔한 말은 인생에서 수많은 해악과 괴로움의 원인이 된다. 그로 인해 분노를 불러일으키고, 분쟁과 불화의 씨앗을 뿌리고, 가만히 두면 저절로 사라졌을 혐오와 모욕감을 부추긴다."

프랑스의 철학자 라 브뤼예르는 말한다. "말을 잘하는 능력은 물론 말을 절제하는 판단력도 갖추지 못했다면, 그것은 커다란 비극이다." 플루타르크는 우리에게 스파르타 왕 데마라토스에 관한 이야기를 들려준다. 어느 회의에서 데마라토스가 계속 침묵하고 있자 누군가 그에게 바보라서 참는 것인지, 아니면 할 말이 없어서인지 물었다. 이 질문에 데마라토스가 대답했다. "바보는 혀를 참을 수 없습니다."

솔로몬은 말한다.

네가 말이 조급한 사람을 보느냐. 그보다 미련한 자에게 오히려 희망이 있느니라.

— 〈잠언〉 29장 20절

매너가 사람을
만든다

자신의 우월함을 과시하려 하지 말라. 초라해지는 느낌만큼 사람들을 괴롭히는 것도 없다.

지나치게 단정적으로 말하지 말라. 제아무리 확신이 든다고 해도 틀릴 수 있다. 기억은 호기심을 자극하는 속임수를 쓰며, 때로는 눈과 귀를 속이기도 한다. 아무리 소중하게 여기는 생각일지라도 확실한 근거도 없는 편견일 수 있다. 만약 자기 생각이 옳다고 해도 애써 내세우지 않는다고 해서 잃을 것은 없다.

재차 강조하지만, 지나치게 확신하지 말고, 어떤 경우라도 가능성을 배제하지 말라. "술잔을 입술에 가져가는 동안에도 잔이 손에서 미끄러질 수 있다." 기회는 기다릴 줄 아는 사람에게

오며, 그 기회가 왔을 때 잡아야 한다. 할 수 있을 때 하지 않으면 하려고 할 때 할 수 없게 된다.

세상에는 조류라는 게 있어 흐름을 잘 붙잡으면 큰 행운으로 이어질 수 있소. 놓치게 되면 앞으로 헤쳐가야 할 운명은 얕은 여울에 처박혀 비극으로 이어질 것이오. 먼 바다로 나아가려면 지금 밀려오는 만조를 붙잡아야만 하오. 그렇지 않으면 우리의 모험은 실패할 것이오.

− 셰익스피어

신중하되 지나치게 조심하지 말고, 실수를 너무 두려워하지 말라. "실수하지 않는 사람은 결코 아무것도 이룰 수 없다."

언제나 옷차림을 단정하게 하라. 우리는 옷을 입어야 하므로 너무 잘 입지는 않더라도 제대로 입어야 한다. 돈으로 사치를 부리지는 말아야 하지만, 될 수 있으면 좋은 옷을 입도록 신경 써야 한다. 얼마나 많은 사람이 옷차림으로 사람을 판단하는가.

당신이 만나는 사람들 중 대부분이 외모로 당신을 판단하고, 당신 또한 외모로 상대를 평가할 때가 많다. 눈과 귀는 마음의 문을 열어준다. 그러나 눈과 귀로 상대의 마음을 이해하는 것은 백 명 중 오직 한 사람뿐이다. 이에 비해 외모는 그 사람을 그대로 보여준다. 더구나 자신의 옷차림에 무관심하거나 단정하지 않다면, 다른 일에서도 부주의하고 무관심하리라 생각한다. 이것은 선입견일지 모르지만 일리 있는 결론이다.

모임에서 기장 에의 바르고 유쾌한 사람을 유심히 살펴보라. "매너가 사람을 만든다"라는 오래된 속담은 다소 과장된 표현이기는 하지만 진실을 담고 있다. 영국의 철학자 프랜시스 베이컨은 "호감을 주는 외모는 영원한 추천장"이라고 말했다.

체스터필드는 아들에게 보내는 편지에서 말한다. "재능과 지식으로는 사람들의 마음을 얻을 수 없다. 마음을 얻은 다음에야 재능과 지식만으로 그것을 지켜나갈 수 있다. 옷차림과 태도, 행동으로 상대의 시선을 사로잡고, 우아하고 조화로운 말투로 귀를 즐겁게 해준다면 틀림없이 상대의 마음을 얻을 수 있을 것이다."

모든 사람이 눈과 귀를 가지고 있지만, 정확한 판단력을 지닌 사람은 드물다. 이 세상은 하나의 무대이며, 우리는 모두 배우다. 작품의 성공은 배우들의 연기에 좌우된다는 것을 누구나 알고 있다.

체스터필드는 자기 아들에 대해 이렇게 말했다. "내 아들이 어디에서든 사랑받고 있다는 사람들의 말을 듣고 얼마나 기쁜지요. 그러나 나는 그 아이가 사람들에게 알려지기 전에도 호감을 주고 그다음에 사랑받는다면 더없이 좋겠습니다. (……) 외모를 대수롭지 않게 여긴다면 인간의 본성을 잘 모르는 사람입니다. 외모로 사람의 마음을 읽을 수는 없지만, 훌륭한 외모는 언제나 사람들의 마음을 사로잡습니다."

미의 여신 그레이스는 예술의 신 뮤즈만큼이나 사람들에게 많은 도움을 준다. 우리 모두 알고 있듯이 "말을 훔치고도 별 탈 없는 사람이 있는 반면에 울타리를 넘겨보기만 해도 비난받는 사람이 있다." 그것은 전자는 사람들의 눈에 보기 좋게 일을 처리하지만, 후자는 눈에 거슬리게 행동하기 때문이다. 고대 로마의 시인 퀸투스 호라티우스는 웅변과 예술의 신인 머큐리도 미의 여신 그레이스의 도움이 없었다면 아무런 능력도 펼치지 못했을 것이라고 말했다.

돈을 다루는 자세

빚을 지는 순간
몰려오는 것

우리나라 사람들은 절약에 대한 인식이 그리 높지 않은 것 같다. 열심히 일하고 좋은 수입을 올리지만, 절약 면에서는 다른 나라들에 비해 한참 뒤떨어진다. 어느 지혜로운 퀘이커 교도가 아들에게 이렇게 말했다. "아들아, 네가 무엇을 쓰느냐가 중요할 뿐, 네가 무엇을 버느냐가 부자가 될지 안 될지를 결정하는 것은 아니다." '검약(thrift)'의 어원이 '번영하다(thrive)'라는 것도 둘의 관계가 얼마나 밀접한지 알려준다.

부자가 되는 것과는 별개로, 미래의 필요를 위해 절약하는 것은 현명한 일이다. "가난이 대문으로 들어오면, 사랑은 창문으로 달아난다"라는 옛말도 있지만, 사랑하는 가족이 헐벗고 굶주리거나, 아파도 치료를 받지 못하고 휴식과 요양도 할 수 없는 상황이 된다는 것은 몹시 슬픈 일이다. 더구나 조금만 더 부지런했더라면 또는 쓸데없는 향락을 조금만 더 거부했더라면 그들을 고통과 불안에서 구할 수 있었을 것이다. 단지 돈을 위해 절약하는 것은 비천한 일이지만, 자립을 위한 절약은 옳고 정당하다.

늘 소비와 지출을 꼼꼼하게 관리하고 기록하라. 이 말은 자질구레한 것까지 기록하라는 뜻이 아니다. 그러나 돈을 어떻게 썼고, 어떤 물건에 얼마나 많은 돈을 들였는지 알 수 있게 해야 한다. 수입이 얼마이고 얼마나 지출했는지 아는 사람은 낭비하지 않는다. 낭비는 자신이 하는 일에 눈을 감는 것에서 시작된다. 눈을 뜨고 파멸의 절벽을 마주할 사람은 아무도 없다.

어떤 일이든 수입의 범위 내에서 생활하라. 그리고 매년 조금씩이라도 저축하라. 그러나 무엇보다 빚을 지지 말라. 빚을 지는 것은 노예가 되는 지름길이라고 해도 과언이 아니다. "돈을 빌리러 가는 사람은 슬픔에 빠지러 가는 사람"이라는 영국 속담이 있다. 빚을 지는 순간 예상하지 못한 불쾌한 일들이 몰려올 것이다.

그래서 인생 경험이 풍부한 미국의 저널리스트 호레이스 그

릴리의 말은 진실하다. "굶주림, 추위, 누더기, 힘든 일, 경멸, 의심, 부당한 비난은 가까이하기 싫은 일이다. 빚을 지는 것은 이 모든 것보다 훨씬 더 나쁘다. 절대로 빚을 져서는 안 된다. 가진 돈이 50센트밖에 없고 그 돈으로 일주일을 버텨야 한다면, 누구에게 1달러를 빚지기보다는 그 돈으로 옥수수 한 봉지를 사서 죽을 쑤어 먹는 편이 낫다."

영국의 정치가 리처드 코브던은 말한다. "이 세상은 항상 돈을 모으는 사람과 돈을 쓰는 사람, 즉 절약하는 사람과 낭비하는 사람으로 나뉜다. 모든 집과 공장, 교량, 선박을 건설하고 인간을 문명화하고 행복하게 해준 모든 위대한 성취는 검소하고 절약하는 사람들이 이룬 것이다. 자신이 가진 자원을 낭비한 사람들은 언제나 그들의 노예가 되었다. 이것이 자연의 법칙이자 신의 섭리이며, 지금도 변함없이 이어지고 있다. 내가 절약하지 않고 생각도 없으며 게으른 사람이 성공하리라 예측한다면, 그런 나는 분명 사기꾼이다."

또한 플루타르코스는 말한다. "에페소스에 있는 아르테미스 신전에서는 채권자들로부터 채무자들을 보호해주는 피난처를 제공한다. 그러나 소박한 이들을 위한 검소라는 성소는 어디에나 열려 있어서, 그들이 즐겁고 명예롭게 생활할 수 있도록 도와주며, 마음 편히 쉴 수 있는 공간을 제공한다."

물론 사업상 꼭 필요한 경우가 아니라면, 돈을 꾸거나 빌려주지도 말라. 빚을 진 사람은 언제나 자신이 피해자라고 생각하고, 돈을 꿔준 사람은 돈을 받기는커녕 고마움의 말조차 듣지 못할 것이기 때문이다. 여유가 있어 남에게 줄 수 있다면 주되, 돌려받을 것을 기대하지 말라.

일을 시작한 초기에 돈이 잘 들어오지 않는다고 해도 낙담하지 말라. 제아무리 길게 이어진 길도 굴곡은 있다. 그리고 처음에 돈이 쉽게 벌린다고 모두 써버려서는 안 되고, 궂은 날을 위해 어느 정도는 모아두어야 한다. 험난한 길이 그렇듯이 평탄한 길도 굴곡이 있게 마련이다.

운이 좋아서 처음부터 큰돈을 번 사람들 중에 그 뒤에도 여전히 부유한 사람이 얼마나 되는가?

습관이 돈을
번다

부자가 되려고 서두르지 말라. 평론가 존 러스킨은 "그림값보다 먼저 그림을 생각한다면, 언젠가는 그림이 제값을 받게 될 것이다"라고 했다.

돈 때문에 불안해하지 말라. 비록 큰 재산을 기대할 수 있는 사람은 거의 없지만, 근면하고 절약하는 사람이라면 누구나 생계를 유지할 수 있다. 종종 정직하지 못한 방법으로 부자가 된 사람들의 이야기를 듣기도 하지만, 사실 정직해서 가난해지는 경우는 드물다. 가난한 사람이란 가진 것이 적은 사람이 아니라 지나치게 많은 것을 욕심내는 사람이다.

흥미로운 강연으로 유명했던 병리학자 제임스 패짓은 한 강연에서 자기 제자들의 경력과 관련된 통계를 소개했다. 그가 가르쳤던 제자 1천 명 중 200명은 의사를 그만두고 부자가 되거나 일찍 죽었다. 나머지 800명 중에서 600명은 어느 정도 자리를 잡았고, 그중 일부는 상당한 성공을 거두었다. 전체 제자 중 56명만이 완전히 실패했다. 그들 중 15명은 시험에 통과하지 못했으며, 10명은 무절제하고 방탕한 생활로 폐인이 되었다. 전체 1천 명 중에서 25명만이 그들의 능력 밖의 원인으로 실패를 겪어야 했다. 이런 의학에서와 마찬가지로 삶의 다른 분야에서도 자신을 쓸모 있는 사람이 되도록 노력한다면 충분히 제 몫을 할 수 있다고 확신할 수 있다.

사실 살면서 꼭 필요한 것들에 대해서는 크게 걱정할 필요가 없다. 자연은 우리에게 적게 요구하고 많은 것을 내어준다. 반면에 사치에는 큰 비용이 필요하다. 프랭클린이 말했듯이 "한 가지 나쁜 습관을 유지하는 데 필요한 돈으로 두 명의 자녀를 키울 수 있다."

영국의 정치가인 웰링턴 공작이 재치 있게 지적한 것처럼 "높은 이자는 나쁜 담보가 된다."

하나의 바구니에 달걀을 너무 많이 담지 말라. 아무리 꼼꼼하게 점검했더라도 모든 계산을 뒤엎을 어떤 일이 생길 수 있다.

똑똑하다고 소문난 사업가와 은행가들도 실수를 저지른다. 우리는 어릴 때 2 더하기 2는 4가 된다는 것을 배웠지만, 그 답이 22가 될 수도 있다. 산술적으로는 2와 2를 더하면 4가 된다는 것은 명확한 사실이지만, 세상을 슬기롭게 살아가려면 그것은 망상이다. 수업시간에 배운 것은 누구에게나 사실이고 진리이지만, 그것을 분별없이 그대로 적용해 실패하는 사람이 한둘이 아니다.

모든 일을 침착하게 처리하라. 영국의 정치가 헨리 브로엄은 사진 촬영을 할 때 항상 가만히 앉아 있지 못해 흐릿한 사진밖에 없다고 한다. 영국의 경제학자 월터 배젓은 "많은 사람들이 사무실에 차분히 앉아 있지 못해 사업에 실패한다"고 말하기도 했다.

원하든 원하지 않더라도 모든 사람은 어떤 의미에서는 사업가라고 할 수 있다. 우리에게는 모두 지켜야 할 의무가 있고, 잘 꾸려야 할 가정이 있으며, 지출을 잘 조절해야 한다. 사소한 일도 큰 문제만큼 어렵고 해결하기 힘들 때가 있다.

사업의 성공은 천재적인 재능보다는 상식, 배려, 관심에 훨씬 더 많이 좌우된다. "당신의 가게를 잘 지켜라. 그러면 가게가 당신을 지켜줄 것이다"라는 속담이 있다. 그리스의 철학자 크세노폰도 비슷한 취지의 이야기를 들려준다. "자신의 말을 가능한 한 빨리 살찌우고 싶은 페르시아의 왕이 있었다. 왕은 말에 대해 가장 잘 알고 있으리라 추정되는 사람에게 말을 최대한 빨리 살찌울 방법을 물었다. 그러자 그는 '바로 전하의 눈입니다' 라고 대답했다."

사업에서는 특히 효율적인 습관을 기르는 것이 매우 중요하다. 얼마 전, 친구 중 한 명이 내게 "능력이 뛰어나고 인품이 훌륭한데도 불구하고 성공하지 못한 사람들의 사례를 곰곰이 따져보았더니, 실패한 가장 흔한 원인은 바로 그들 자신이었다고 확신했다"라고 말했다. "그들은 결정을 미루고, 시간을 제대로 지키지 않으며, 다른 사람들과 진심으로 협력하지 않고, 사소한 일에 매달리기 때문이다." 바로 이것이 사업에서 비효율적인 습관들이다.

큰일이든 작은 일이든 순서와 방법이 매우 중요하다. 제 물건을 제자리에 놓는 것이 성공을 위한 황금률이다. 어떤 물건을 사용한 후에 제자리에 두는 데 약간의 수고만 들여도 그것들을 다시 사용해야 할 때 많은 시간과 노력을 줄일 수 있다.

크세노폰은 《경제》에서 말한다. "무질서는 농부가 곳간에 보리와 밀, 완두콩을 한꺼번에 몰아 넣어두는 것과 같다. 나중에

보리빵이나 밀빵 혹은 완두콩죽을 만들려고 할 때 한 알씩 골라

내야만 한다."

그는 가난한데
왜 부자일까

물론 전부는 아니지만, 아리스토텔레스부터 칼라일에 이르기까지 많은 철학자가 무역과 상업에 종사하는 사람들을 무시하거나 깎아내렸다. 아니, 무역과 상업 그 자체를 비열하고 품위가 떨어지는 일이라고 생각했다. 플라톤은 자신의 공화국 시민권에서 상인을 제외했으며, 그런 천박한 직업은 외국인에게 맡겨야 한다고 했다.

무역과 상업은 필연적으로 많은 사람이 종사하는 직업이며, 그런 직업이 사람들에게 해로운 영향을 미치고 지적인 문화와 어울리지 않는다면 참으로 슬픈 일이다. 다행히 그것은 사실이 아니다. 당연히 사업가들은 남는 시간에 다른 일을 할 수 있다.

과학과 문학만 예를 들더라도, 제조업자였다가 은퇴한 후 천문학을 연구한 네이스미스, 영국의 은행가이자 역사가인 그로트, 제지업자이자 골동품협회 회장이었으며 영국 왕립학회 재무관을 지낸 에반스 경, 상인이었다가 나중에 옥스퍼드대학 지질학 교수를 지낸 프레스트위치, 은행가이자 시인인 로저스와 프래드 등 무수한 사람들이 있다. 나의 아버지 역시 은행가이자 수학자였으며, 오랫동안 영국 왕립협회에서 부회장과 재무관으로 일하셨다.

가장 위대하고 행복한 삶을 살았던 사람들을 살펴보라. 그들 중에는 몹시 가난한 사람이 많았다. 영국의 낭만주의 시인 워즈워스와 그의 누이는 몇 년 동안 단돈 30실링으로 살았는데, 나는 그것이 그의 인생에서 가장 행복한 시절이었으리라 믿는다.

당신이 부자가 될 운명을 타고나지 못했다고 해도, 사람들과의 친밀한 교제와 애정은 아늑한 장소, 행복한 얼굴, 어쩌면 온세상을 가져다줄 수 있다. 실제로 얼마나 많은 위인이 가난한 삶을 살았는지 알면 놀라울 것이다. "신은 양치기가 아닌 자를 예언자로 택하지 않는다"고 한 마호메트의 말은 결코 과장이 아니다.

우리는 돈의 위력을 과대평가하곤 한다. 돈이 먹고사는 문제를 해결해주기 때문일까? 영국 성공회 주교 윌리엄 템플은 말한다. "부자가 건강하게 살고 싶다면 가난한 사람처럼 먹어야 한다." 아침 식사로 차나 커피 한 잔, 버터를 바른 빵, 달걀이나 청어, 여기에 꿀을 곁들일 수 있다면 이보다 훌륭한 아침 식사가 있을까? 빵과 치즈, 여기에 시원한 맥주 한 잔보다 더 훌륭한 점심 식사는 무엇일까? 잘 조리되고 식욕을 돋우는 평범한 저녁 식사는 부잣집의 진수성찬보다 큰 행복을 안겨줄 것이다. 제철에 나는 음식은 비교적 가격이 저렴할 뿐만 아니라 건강에도 좋고 맛도 훌륭하다. 반면에 제철이 아닌 음식은 맛이 덜하다. 달걀 하나만으로도 호화로운 식사 이상의 맛을 낼 수 있다.

돈이 있어야 책을 마음껏 사서 읽을 수 있을까? 읽고 싶을 만큼 책을 살 수 없다면 정말 가난한 처지일 것이다. 그러나 성경이나 셰익스피어, 밀턴의 작품과 같은 최고의 양서는 지금 어디서나 흔하게 살 수 있다.

돈으로 건강과 재능, 친구, 아름다움, 행복한 가정을 살 수 있을까? 공자는 말한다. "제나라 환공은 큰 부자였지만 아무도 그를 좋아하지 않았고, 백이는 굶어 죽었지만 지금도 사람들이 그의 죽음을 애도한다."

부유함이 행복을 안겨주는지 주위를 둘러보라, 즐거운 고통과 화려한 불행은 어디에나 있다. 나는 그들의 겉치레와 꾸밈을 부러워하지 않으며, 그들의 번쩍이는 고뇌조차 부러워하지 않는다.

– 영

돈을 놓아줄 줄
아는 지혜

많은 재산을 가진 사람들은 자신을 알지 못하며, "일에 빠져 허우적거리느라 몸과 마음의 건강을 돌볼 시간이 없다"고 베이컨은 말한다.

설령 황금으로 만들었다고 해도 족쇄는 모두 족쇄에 불과하다. 돈은 의심할 여지없이 온갖 근심의 원천이다. 가난처럼 돈도 걱정거리도 만들어내며, 실제로 부자라고 불리는 사람들 중 상당수가 돈의 주인이 아니라 돈의 노예가 되었다. 윌슨 주교의 말처럼 "많은 경우 재물은 그것을 소유한 사람에게 걱정거리가 될 뿐만 아니라 고통이 되기도 한다."

많은 사람이 돈 때문에 파멸했으며, 대체로 부자가 가난한 사람보다 돈 때문에 더 불안해한다. 지혜로운 사람만이 부로 행복을 누릴 수 있다. 부자가 되기를 지나치게 열망하는 사람은 절대 가난에서 벗어나지 못한다.

러스킨은 말한다. "성에 갇혀 살면서 감탄할 것이 없는 것보다 작은 집에 살면서 그 성을 보고 감탄하는 편이 훨씬 더 행복하다."

부를 누리려면 부에 집착하지 말라. 페르시아의 시인 사디는 말한다. "풍족함은 당신을 태우고 가지만, 풍족함이 지나치면 당신이 그것을 짊어져야 한다."

나는 낙타를 타지 않지만 짐과 수레도 없다네. 나는 어느 신하의 군주도 아니며 어느 군주의 말도 두렵지 않다네. 나는 내일을 생각하지 않으며 지나간 슬픔을 떠올리지 않는다네. 그러므로 나는 모든 싸움에서 벗어나 편히 숨 쉬며 조용히 살아간다네.

— 사디

베이컨은 말한다. "소망하는 것은 적고 두려움이 많을 때가 가장 불행한 마음이다."

당신이 부유하다면 당신은 가난하다. 등에 금괴를 가득 짊어
진 나귀와 같다. 그 무거운 짐을 지고 여행하다가 죽어서야
비로소 내려놓는다.

– 셰익스피어

그렇다면 다음과 같은 의문이 생긴다.

왜 우리는 미래에 쓸 재물을 쌓아두려고 불안해하면서 인생을
낭비하는가? 우리가 병에 시달릴 때 재물이 우리의 아픈 가슴
을 위로하거나 치료해주는가? 재물이 우리의 숨을 늘려줄 수
있는가? 아니면 고통스러운 죽음의 시간을 진정시키는가?

– 게이

오래전 학교에서 배운 것처럼 부는 탐욕을 키울 가능성이 크
다. "돈이 많아질수록 돈에 대한 사랑도 그에 비례해 커진다."
미국의 연방대법관이자 법철학자 올리버 웬들 홈스는 이를 다
음과 같이 재치 있게 표현했다. "나는 금이나 땅을 바라지 않는
다. 다만 여기저기 빌린 융자금을 갚아주고 약간의 주식이나 약
속어음만 있으면 그만이다. 하찮은 지분을 조금 바랄 뿐이다.

나는 단지 내가 쓸 수 있는 것보다 약간 많은 것이 있기만을 바랄 뿐이다."

세네카는 "가난한 사람은 많은 것을 원하지만, 탐욕스러운 사람은 모든 것을 원한다"고 말했다.

베이컨은 끊임없이 부를 좇는다면 "거기에 시간을 허비하느라 더 고귀한 것을 찾을 시간이 없어진다"고 말했다. 부는 생명에 보탬이 되는 만큼만 가치가 있을 뿐, 부를 늘리는 데 인생을 소비해서는 안 된다. '가난은 학자의 신부'라는 말이 있다. 에머슨이 말했듯이 "노새와 짐 바구니를 잘 다루는 사람은 날개 달린 마차를 가진 것과 같다."

현명하게 써야
모인다

돈에 대한 생각 자체가 중요하다. 우리는 돈을 벌고 있거나 번 사람, 돈을 굴리는 사람에 관한 이야기는 끊임없이 듣지만, 돈을 '즐기는 사람'에 대한 이야기는 어디에서도 들어본 적이 없다. 실제로 돈을 버는 사람은 스스로 돈을 버는 경우가 거의 없다.

진실로 각 사람은 그림자같이 다니고 헛된 일로 소란하며 재물을 쌓으나 누가 거둘는지 알지 못하나이다.
– 〈시편〉 39장 6절

크세노폰의 《향연》에서 플라톤의 삼촌이자 소크라테스의 제자인 카르미데스는 가난이 부유한 것보다 나은 이유를 이렇게 말한다.

"자유롭게 사는 것이 노예로 사는 것보다 낫고, 국가의 불신을 받는 것보다 신뢰를 받는 것이 더 낫다. 한때 나는 이 도시에서 부자로 살 때, 누군가 내 집에 침입해 내 돈을 빼앗거나 나를 해치지 않을까 두려워했다. (……) 이제 나는 편안하게 잠잘 수 있다. 신전에서 봉사하라는 부름을 받지 않아도 되고, 정부의 의심을 받지 않아도 된다. 나는 자유롭게 도시를 떠나기도 하고, 편안하게 머물기도 한다. 부자였을 때, 사람들은 내가 소크라테스를 비롯해 신분이 낮은 철학자들과 어울린다며 비난했다. 그러나 이제 나는 친구들을 마음껏 선택할 수 있다. 나는 가난해졌기 때문에 아무도 내게 관심을 기울이지 않는다. 많은 것을 가졌을 때 나는 뭔가를 잃을까 봐 두려워 늘 불행했다. 이제 나는 가난하고 빼앗기거나 잃을 것이 없다. 그런데도 나는 무엇인가를 누릴 수 있다는 희망으로 끊임없이 위로를 받으며 즐거운 마음으로 산다."

카르미데스의 말에는 많은 진실이 숨어 있지만, 그것이 전부 진실은 아니다. 게다가 카르미데스가 이렇게 말했을 때, 그는 음악에 흥겨워하며 맛있는 저녁을 즐기고 있었다고 한다.

현명하게 사용할 수만 있다면, 돈은 많은 일을 할 수 있게 해준다. 황금은 권력이다. 재치 넘치는 프랑스 작가 앙투안 드 리바롤은 말한다. "돈은 왕 중의 왕이다." 돈은 우리가 원하는 것을 얻을 수 있게 해준다. 신선한 공기와 좋은 집, 책과 음악 등 우리가 즐길 수 있는 것들은 돈으로 살 수 있다. 돈이 있어야 여가를 즐길 수도 있다. 돈이 있어야 세상을 여행할 수 있다. 친구를 돕고 싶을 때, 곤경에 처한 사람을 구해주고 싶을 때, 돈이 우리에게 베풀어주는 축복은 더할 나위 없는 특권이다.

《걸리버 여행기》로 유명한 영국의 풍자작가 조너선 스위프트는 "돈은 마음속에 두지 말고 머릿속에 간직하라"라고 했다. 돈 그 자체를 사랑하는 사람, 지나치게 아끼는 사람, 탐욕스러운 사람은 비참한 인생을 사는 사람이다. 우리가 인생에서 배워야 할 한 가지 교훈은 비열하고 사소한 걱정거리에서 벗어나는 것이다. 돈을 사랑하는 것은 가장 천박한 일 중 하나다.

중요한 것은 돈을 현명하게 사용하는 것이다. 솔로몬은 말한다. "흩어지는 것이 있으되 오히려 증가하는 것이 있고, 필요 이상으로 거두어들이는 것이 있으되 오히려 가난하게 하는 것이 있다."

데번셔 백작이었던 에드워드 코트니의 비문에는 다음과 같은 글이 적혀 있다.

남에게 준 것은 지금 우리가 가지고 있는 것이고, 우리가 써 버린 것은 우리가 한때 가지고 있었던 것이며, 미래를 위해 우리가 남겨둔 것은 잃어버린 것과 같다.

이 말을 다르게 바꿔볼 수 있다.

내가 모아둔 것은 내가 잃어버린 것이고, 내가 써버린 것은 내가 가졌던 것이며, 내가 남에게 베푼 것은 지금도 내가 가지고 있다.

낭비하지는 말되 인색해서도 안 된다.

부자인 체하나 아무것도 없는 사람이 있는가 하면 가난한 체하나 많은 재물을 가진 사람이 있다.

— 〈잠언〉 13장 7절

가난한 자를 불쌍히 여기는 것은 여호와께 꾸이는 것이니 그 선행을 갚아주시리라.

— 〈잠언〉 19장 17절

예수가 부유한 젊은이들에게 한 이 말씀은 우리 모두에게도 적용된다. 누구든 자신의 자녀뿐만 아니라 가난한 사람들을 잊지 말아야 하기 때문이다. 당신의 수입은 당연히 당신의 것이지만, 조상에게서 물려받은 것은 당신만의 것이 아니다.

부자는 〈마태복음〉 25장에 나오는, 주인에게 달란트를 받은 종과 같다. 우리는 받은 달란트에 책임을 져야 한다. 그것은 우리에게 맡겨진 신뢰이며, 돈은 자랑할 것이 아니다.

네가 이 세대에서 부한 자들을 명하여 마음을 높이지 말고 정함이 없는 재물에 소망을 두지 말고 오직 우리에게 모든 것을 후히 주사 누리게 하시는 하나님께 두며 선을 행하고 선한 사업을 많이 하고 나누어주기를 좋아하며 너그러운 자가 되게 하라. 이것이 장래에 자기를 위하여 좋은 터를 쌓아 참된 생명을 취하는 것이니라.

— 〈디모데전서〉 6장 17~19절

성경이 말하는 모든 악의 근원은 돈이 아니라 돈에 대한 사랑
이다. "재물이 늘어도 그것에 마음을 두지 말지어다."

예수도 산상수훈에서 똑같은 의미의 말씀을 전한다.

너희를 위하여 보물을 땅에 쌓아 두지 말라. 거기는 좀과 동
록이 해하며 도둑이 구멍을 뚫고 도둑질하느니라. 오직 너희
를 위하여 보물을 하늘에 쌓아 두라. 거기는 좀이나 동록이
해하지 못하며 도둑이 구멍을 뚫지도 못하고 도둑질도 못 하
느니라. 네 보물 있는 그곳에는 네 마음도 있느니라.

– 〈마태복음〉 6장 19~21절

놀이는 깨달음의 교육

놀이에서 깨닫는
것

    일만 하고 놀지 않는 아이는 바보가 된다는 말이 있다. 일을 한다고 해도 집 안에서만 한다면 아이는 연약해지고 자라서도 허약한 어른이 된다. 놀이는 결코 시간 낭비가 아니다. 놀이, 특히 운동은 신체 발달에 중요한 역할을 하는데, 평소에 좀처럼 펴지 않은 팔과 가슴 등의 상체를 발달시키는 데 특히 도움이 된다.

    여럿이 함께 하는 놀이는 건강을 유지해줄 뿐만 아니라 일에 열정을 불어넣고, 작은 일에 양보하고, 공정하게 행동하며, 한쪽으로 치우치지 않는 등 다른 사람들과 어울리는 방법을 가르쳐준다.

또한 놀이는 육체적인 건강과 더불어 정신 건강에도 도움을 준다. 놀이를 통해 용기와 인내, 자제력, 쾌활함 등 책에서 찾을 수 없는 자질을 익힌다. 나폴레옹전쟁 당시 영국 육군 최고의 지휘관이었던 웰링턴 공작이 "워털루 전투에서 승리한 것은 이튼스쿨 운동장에서 얻은 것"이라고 한 말은 아주 적절하다. 아이들은 학교에 다니면서 가장 훌륭하고 유익한 가르침 중 상당수를 운동장에서 배운다. 그렇다고 해도 놀이는 여가활동일 뿐 생업이 되어서는 안 된다.

놀이가 건강에 얼마나 중요한지에 대해 위대한 생리학 권위자 두 사람의 말을 인용하겠다. 우선, 제임스 패짓은 말한다. "놀이는 오락의 모든 주요 구성 요소를 지닌다는 점에서 아주 바람직하며, 사업이나 일상생활에서 중요한 정신적 영향을 미친다. 돈에 대한 공동의 이해관계를 유도하지 않고, 어떤 저속한 동기도 없이 사람들이 선의의 목적을 위해 동료가 되는 법을 배운다. 그리고 삶의 모든 조건에서 성공을 위한 최고의 무기 중 하나인 다른 사람과 협력하는 힘을 배운다. 또한 놀이를 통해 공정함을 배운다. 아무리 경쟁이 치열하더라도 놀이에서는 어떤 반칙은 불명예스러운 일이며, 공정하게 임하는 사람일수록 더 공정하게 거래한다. 그들의 오락에서 높은 수준의 정직성은 법의 한계를 훨씬 벗어난 많은 것을 경멸하게 한다. (……) 모든 활동적인 여가 활동에서 나타나는 특징들을 살펴보면, 불확실성, 경이로움, 일상 업무에서 접할 수 없는 기술을 훈련할 기회라는 세 가지 중 하나 이상을 포함한다. 이 세 가지의 특성으로 기분을 바꿀 수 있고, 일상에서는 쉽게 사용하지 않아 약해지기 쉬운 능력과 좋은 자질을 사용할 기회를 얻을 수 있다."

다음으로 왕립학회 부회장을 지낸 마이클 포스터 교수는 케임브리지대학의 연례 강연에서 이렇게 말했다. "뇌는 근육을 사용하는 육체적인 일을 할 때도 피로를 느낀다. 뇌가 피로하면 근육은 아무런 역할도 하지 못한다. 뇌의 활동은 근육의 활동처럼 화학적인 변화를 동반한다. 이런 화학적인 변화는 그 세부 사항은 다를지라도 근육과 뇌에서 같은 순서로 이루어진다. 그리고 근육과 달리 뇌에서는 아주 작은 변화에도 극도로 예민한 신경계통이 알아차리고 균형을 이룬다. 온 몸의 크고 작은 기관들이 효과적으로 협동해 혈액을 깨끗이 하고 적절하게 순환시키는 것은 근육을 생성하는 데 중요한 역할을 한다. 주요 기관들은 급속히 새로워지고 해로운 생성물들도 급속히 제거된다. 이런 과정은 뇌에서도 마찬가지로 이루어진다."

경이로움과 마주하는 순간

깨끗한 물이 우리에게 주는 혜택에 대해서는 이미 많은 글이 언급했다. 그러나 우리는 깨끗한 물 못지않게 신선한 공기에도 많은 빚을 지고 있다. 공기는 얼마나 경이로운 존재인가. 공기는 우리 몸 전체에 스며들고, 우리가 그 존재를 의식하지 못할 정도로 섬세하게 우리의 피부를 감싼다. 꽃과 과일 향기를 우리 집 안까지 퍼뜨리고, 바다 위에서 배를 움직이게 하고, 바다와 산의 깨끗함을 도시 한가운데로 옮겨준다.

공기는 소리의 매개체이자 우리가 사랑하는 사람들의 목소리와 자연의 모든 감미로운 음악을 우리에게 가져다주며, 대지에 물을 주는 비의 거대한 저수지이고, 낮의 더위와 밤의 추위를 덜어주고, 우리의 머리 위로 멋진 창공을 드리우며, 아침과 저녁 하늘을 붉게 물들인다. 셰익스피어의 희곡 〈템페스트〉에 나오는 공기의 요정 아리엘이 자연의 모든 요정 중에서 가장 섬세하고 사랑스럽고 매혹적인 것은 당연하다.

영국의 시인 리처드 제프리스는 말한다. "모든 것 중에서 공기만큼 달콤한 것은 없다. 공기는 아프로디테의 팔처럼 둥글게 둘러싸고 감싸는 하늘은 매혹적인 향기로 이 땅의 모든 곳을 가득 채운다. 들꽃과도 같은 공기는 세상 무엇보다 향기롭다. 꿈으로 가득 찬 수많은 꽃이 둑 위로 힘겹게 뻗어 오르고 거친 잔디에서 벗어나 생명을 틔우려 한다. 천재도 이렇게 몸부림쳐본 적 있을까? 그 평범한 길은 수많은 생명력으로 아름답게 변한다. 나는 매일 아침 별이 빛나는 둑을 지난다. 몇 년이 지나고 나서야 내가 왜 같은 길을 가고, 이 길이 바뀌지 않았으면 좋겠다고 생각했는지 알 수 있었다. 나는 변화를 원하지 않는다. 오래되고 사랑받는 것들, 똑같은 들꽃들, 똑같은 나무와 부드러운 물푸레나무, 멧비둘기, 지빠귀, 촉새가 노래하고, 노래하고, 또 노래하기를 바란다. 생동하는 봄의 계단을 따라 한 걸음씩 위로 올라가 보면 여름이라는 근사한 화랑이 펼쳐진다. 나는 이처럼 늘 같은 풍경을 볼 수 있기를 소망한다."

황새냉이 잡초는 온통 은색으로 피어나고 초원은 환희로 물들
인다.

— 셰익스피어

숲은 훨씬 더 아름답고 매혹적이다.

대지는 그 자체로 경이로운 야생,
꿈속에서나 마주하는 풍경이라네.

— 월터 스콧

우리는 종종 날씨가 좋지 않다고 말한다. 그러나 실제로 나
쁜 날씨는 없다. 방식은 다르지만 모두 즐거운 날씨다. 농부나
농작물에는 해로운 날씨가 있겠지만, 인간에게는 모든 날씨가
다 좋다. 햇살은 유쾌하고, 비는 상쾌하며, 바람은 우리를 기운
넘치게 하고, 눈은 우리 마음을 설레게 한다. 러스킨의 말처럼
"나쁜 날씨는 없다. 다만 다양한 종류의 좋은 날씨만 있을 뿐"
이다.

여름날 풀들이 우거진 나무 밑에 누워 졸졸 흐르는 물소리를
듣거나 푸른 하늘을 떠다니는 구름을 바라보는 것은 결코 시간

낭비가 아니다. 게다가 바깥에서 운동하면서 공기를 들이마시면 여러 가지 이점을 누릴 수 있다. 모든 사람이 하루에 적어도 두 시간은 밖에서 활동하는 것을 신성한 의무로 삼아야 한다.

신선한 공기는 신체뿐만 아니라 정신 건강에도 좋다. 자연은 언제나 우리에게 커다란 비밀이 있는 것처럼 우리에게 들려주려는 것 같다. 실제로 자연은 우리에게 그런 비밀을 들려주고 있다. 하늘과 땅, 숲과 들판, 호수와 강, 산과 바다는 훌륭한 스승이며, 우리가 책에서는 배울 수 없는 많은 것을 가르쳐준다.

이뿐만이 아니다. 한적한 강에서 노를 젓거나, 숲에서 꽃을 따거나, 화석을 캐거나, 바닷가에서 조가비와 해초를 줍거나, 크리켓이나 골프를 치거나, 그것이 아니더라도 밖에서 신선한 공기를 마시며 운동을 하다 보면 몸이 건강해질 뿐만 아니라 모든 걱정과 근심이 말끔하게 사라지거나 훨씬 가벼워지는 것을 느낄 수 있다. 자연은 우리를 진정시키고, 기운을 북돋고, 활력을 불어넣는다. 또한 자연은 우리 마음을 더 평화로우면서도 유쾌하게 해준다.

함께 즐기는
삶

물론 쾌락과 오락에만 빠지는 삶은 이기적일 뿐만 아니라 더없이 멍청한 짓이다. 놀이는 생업이 되어서는 안 되지만, 적당히 즐기는 것은 게으름이 아니다.

그렇다면 여가활동의 기본 요소는 무엇일까? 즐거움에는 진정한 즐거움과 거짓 즐거움이 있다. 플라톤은 프로타르쿠스로 하여금 소크라테스에게 이런 질문을 하게 했다. "스승님, 참된 즐거움은 무엇입니까?" 소크라테스 이렇게 답한다. "아름다운 색과 모습, 향기와 소리 등은 존재하지 않는다. 그러나 그것들은 우리에게 아무런 고통도 주지 않고, 곁에 있으면 우리의 감각이 즐겁게 우러나온다."

감각이 진정한 쾌락을 줄 수는 있지만, 이것이 최고의 선은 아니다. 소크라테스는 계속해서 말한다. "필레부스는 즐거움과 쾌락과 기쁨을 비롯해 이와 비슷한 느낌이 모든 생명체에게 도움이 된다고 말했지만, 나는 그보다 지혜와 지식, 기억력, 그리고 바른 의견과 참된 이성이 더 유익하고 더 바람직하다고 생각한다."

진정한 즐거움은 무수히 많다. 가족과 친구, 대화, 책, 음악, 시, 예술, 운동, 휴식, 여름과 겨울, 아침과 저녁, 낮과 밤, 햇빛과 폭풍, 숲과 들판, 강, 호수, 바다, 동물과 식물, 나무와 꽃, 잎사귀와 열매 등 자연의 아름다움과 다양성은 그중 일부에 불과하다.

"이 땅의 열매를 우리가 즐길 수 있도록" 기도할 때 우리가 받는 혜택은 적지 않다. 게다가 이탈리아 과학자이자 작가 파올로 만테가자가 말하듯이 "문명의 찬란한 길을 따라가다 보면 인간에게 알려지지 않은 새로운 기쁨을 많이 발견할 수 있다."

우리가 삶을 즐기지 못한다면 그것은 우리 자신의 잘못이다. 러스킨은 말한다. "모든 사람이 즐길 수 있지만, 소수의 사람만이 성취할 수 있다."

《아라비안나이트》에서 가장 신비한 힘을 가진 물건 중 하나는 마법의 양탄자로, 그 양탄자에 앉으면 원하는 곳이 어디라도 마음껏 갈 수 있다. 이제는 철도가 그 역할을 하고 있다. 러스킨은 말한다. "우리의 시야가 넓어질수록 상상할 수 있는 것도 풍부해진다."

다시 말하지만, 나는 좋은 대화를 이 세상의 가장 큰 즐거움 중 하나로 꼽는다. 좋은 대화는 훌륭한 강장제이자 몸과 마음에 모두 좋은 음식이다. 영국의 시인 헤릭은 배우이자 극작가인 벤 존슨에게 진 빚을 기분 좋게 인정하면서 그들의 저녁 식사 시간을 이렇게 묘사했다.

우리가 함께 있을 때면
우리는 엉뚱하기는 했어도 제멋대로는 아니라네.
그대가 지은 시의 구절구절은
고기보다 맛있고 포도주보다 향기롭다네.

존슨이 "좋은 대화를 나누었다"라는 말로 저녁 식사의 즐거움을 표현했다. 나 역시 다윈이나 라이엘, 킹즐리, 러스킨, 후커와 함께한 시간이 더없이 즐겁고 행복하다.

대화의 기술을 아는 사람은 언제 어디서나 환영받는다. 나는 아주 똑똑한 사람들을 알고 있고 그들과 어울리기도 하지만, 자신과 관련된 화제가 아니면 도통 입을 열지 않고, 그마저 재미있게 말하지도 못하는 사람들을 알고 있다. 여느 능력과 마찬가지로 화술도 훈련할 수 있다. 연습 없이는 누구도 말을 잘할 수 없다.

윌리엄 템플은 말한다. "좋은 대화의 첫 번째 요소는 진실이고, 두 번째는 분별이며, 세 번째는 유머, 네 번째는 재치다. 이 중 앞의 세 가지는 누구에게나 있다."

사람들은 대화를 통해 많은 것을 배운다. 베이컨은 말한다. "질문을 많이 하는 사람일수록 더 많이 배우고 더 많이 만족할 것이다. 특히 상대가 잘 아는 분야에 대해 질문할 때 그렇다. 질문을 받은 사람은 자기 분야이므로 기쁘게 대답해줄 것이며, 질문한 사람은 끊임없이 지식을 쌓을 수 있다."

아름다움은
가까이에 있다

우리는 아이들의 미적 감각을 충분히 키우지 못하고 있으며, 이는 우리 자신에게도 마찬가지다. 그러나 그토록 순수하고, 비용이 들지 않으며, 접근하기 쉽고, 우리에게 항상 존재하는 즐거움이 또 어디 있을까.

어떤 사람들은 풍경, 나무와 단풍, 과일과 꽃, 푸른 하늘, 양털 구름, 반짝이는 바다, 호수의 잔물결, 강물의 반짝임, 풀밭에 드리운 그늘, 밤하늘의 달과 별을 보며 강렬한 기쁨을 얻는다. 그러나 어떤 사람들은 이 모든 것에서 아무것도 느끼지 못한다. 달과 별은 헛되이 빛나고, 새와 곤충, 나무와 꽃, 강, 호수와 바다, 해와 달과 별은 그에게 아무런 영감도 주지 못한다.

영혼으로부터 육신이 나오고, 육신으로부터 영혼이 나온다.

— 스펜서

영국의 예술가이자 에술평론가 필립 길버트 해머튼은 말한다. 이 세상의 인공적인 색들은 "저속한 자부심과 화려함을 표현하기에는 충분하지만, 사라지는 구름이나 야생 오리의 깃털 하나를 그리기에는 부족하다."

그럼에도 불구하고 러스킨은 "아름다움을 깊이 음미하며 바라봐야 할 빛이 있다. 그것은 동틀 때와 하루가 저물 때의 빛과 수평선 위 푸른 하늘에서 모닥불처럼 타오르는 선홍빛 구름 물결"이라고 말했다. 하늘의 구름은 땅을 환하게 비추는 듯하고, "저 먼 서쪽 봉우리를 감싸는 선홍빛 물결들은 천 년의 일몰을 보여준다." 일몰은 너무도 아름다워서 천국의 문을 들여다보는 착각에 빠지게 한다.

탈무드 해석자들은 말한다. "모든 사람이 하늘에서 내려준 만나에서 자신이 가장 좋아하는 맛을 찾았듯이 찾고자 하는 사람이라면 자연에서 그가 가장 즐기는 것을 찾을 수 있다."

여기서 진정한 즐거움을 다 나열할 생각은 없다. 그리고 순고한 즐거움이 너무도 많은데 굳이 나쁜 것, 심지어 의심스러운 것을 택할 이유가 있을까. 할 수만 있다면 좋은 것부터 누려라. 그다음에 다른 것들을 생각해도 늦지 않다.

스스로 인생과 세상을 안다고 자부하는가? 그렇게 생각하는 사람들은 평생 자기 마을에서 벗어나지 못했어도 그곳을 현명하게 관찰한 농부보다도 존재의 실제를 알지 못한다.

탐닉하는 삶을 행복한 삶이라고 착각하는 사람들도 있지만, 그런 삶은 행복을 조롱할 뿐이다. 이런 삶에 희생양이 된 사람들은 그 책임이 자신에게 있는데도 세상을 원망한다. 보브나르그는 말한다. "쾌락이 우리를 소진시켰는데도 우리는 우리가 쾌락을 소진시켰다고 착각한다."

프랑스의 시인이자 극작가 드 뮈세는 말한다. "나는 젊다. 이제 인생의 절반밖에 지나지 않았는데 이미 지쳐서 뒤를 돌아보게 된다." 이 얼마나 우울한 고백인가. 그가 지혜롭게 살았더라면 감사하는 마음으로 지난날을 돌아보고 희망으로 앞을 바라보았을 것이다.

인간의 몸은 기적이다

인간의 몸은
기적이다

오늘날 우리가 처한 삶의 조건 때문에 건강에 관한 연구는 특히 중요해진다. 우리 조상들은 자연 속에서 주로 농사를 지으면서 살았다. 그에 비해 우리는 도시에 모여 살아가고, 집이나 상점, 공장에서 훨씬 더 많이 일하고, 앉아서 구부정한 자세로 일하다 보니 뇌와 신경계에 더 많은 부담을 준다.

대도시에 사는 사람들이 선조들보다 활기가 떨어진다는 것은 의심할 여지없다. 런던의 빈민가나 대규모 공장지대를 지나가는 차를 타고 지나다 보면, 사람들은 활력이 없고 창백한 얼굴과 좁은 가슴에 충격을 받는다. 게다가 현재의 위생 상태는 사람들이 허약해지고 병들 수밖에 없는 환경이다.

질병으로 인한 불행의 대부분은 약간의 주의와 관심, 그리고 건강의 법칙에 대한 기본적인 지식만 있어도 충분히 피할 수 있다. 먼 옛날의 기록을 봐도 지혜로운 정치가들은 건강이라는 문제에 많은 관심을 기울였다. 그들은 건강한 육체와 정신이 얼마나 중요한지 깨닫고 있었다.

건강을 돌보는 것은 신성한 의무다. 모세의 종교적 가르침 중에도 상당 부분이 건강에 관한 것이었다고 한다. 그러나 이것은 아주 정확한 사실은 아닌 듯하다. 성경의 내용은 종교뿐만 아니라 시민과 사회의 법전이라는 것을 잊지 말아야 한다. 그럼에도 건강의 법칙은 엄밀히 말해 종교의 일부가 아니더라도 항상 종교와 밀접한 관련이 있는 것으로 여겨져 왔다.

너희 몸은 너희가 하나님께로부터 받은바 너희 가운데 계신 성령의 전인 줄을 알지 못하느냐.

– 〈고린도전서〉 6장 19절

몸을 숭배했다는 점에서 이집트 사람들은 몸을 경멸한 중세인보다 더 지혜로웠다. 건강은 타고나는 것이 아니라 노력의 결과로 얻어지는 것이다.

소설가이자 영국 성공회 사제인 찰스 킹즐리는 말한다. "그리스인들은 지적인 교육뿐만 아니라 신체 교육도 하나의 과학이자 공부로 삼았다. 그리스 여성들은 우아하고 움직였고 운동선수와 같은 훈련을 하기도 했다. 그들은 자유롭고 건강한 삶을 통해 인간의 아름다움에 대한 영원하고 범접할 수 없는 모습을 갖추었다."

> 우리가 원하는 것은 죽음이 아니라 생명이다. 우리가 원하는
> 것은 더 완전하고 더 충만한 삶이다.
>
> — 알프레드 테니슨

"청결은 신성 다음으로 중요하다"는 옛 속담이 있다. 현대 의학은 이 오래된 격언이 사실임을 확인시켜 줄 뿐만 아니라 그 이유를 분명하게 설명하며 실례로 보여준다.

많은 질병의 주된 원인은 조직의 비정상적인 변형 때문이 아니라 미생물의 침입 때문이다. 콜레라와 천연두를 비롯한 여러 질병이 자체적으로 발생할 수 없으며 세균이 우리 몸에 침입해야 생긴다. 따라서 청결의 중요성은 우리 자신뿐만 아니라 우리가 사는 집, 우리가 입는 옷에서 매우 중요하다.

인간의 몸은 그 자체로 살아 있는 기적이다. 우리 뇌에 저장된 놀라운 양의 정보를 생각해보라. 몸의 근육들이 의지에 반응하는 속도를 생각해보라.

제임스 패짓에 따르면 숙련된 피아니스트는 1초에 24개의 음을 연주할 수 있다. 각각의 음은 뇌에서 손가락으로, 손가락에서 뇌로 신경의 흐름을 전달된다. 하나의 음을 연주하려면 손가락을 아래로 구부렸다가 위로 올리는 세 번의 동작을 해야 하고, 적어도 한 번은 옆으로도 움직여야 하므로 1초에 72번 이상 손가락을 움직여야 한다. 이뿐만 아니라 각 동작은 의지의 뚜렷한 노력이 필요하고, 일정한 속도와 힘으로 특정 위치를 정확하게 판단해야 한다.

피부는 가장 섬세하고 정교한 기관으로, 수백만 개의 세포로 구성되어 있으며, 몇 킬로미터의 정맥과 핏줄, 모세혈관, 신경조직으로 이루어져 있다. 피부는 끊임없이 재생되며, 그 기능을 제대로 수행하려면 적당한 관리와 충분한 수분이 필요하다. 머리카락을 빗으로 빗듯이 각 기관을 건강하게 유리하려면 각 부분을 늘 사용해야 한다.

밀턴이 말하듯이 "질병은 대부분 나태함 때문에 생긴다."

세네카는 말한다. "눈도 알프스도 한니발을 정복하지 못했지만, 캄파니아에서의 사치는 그를 정복했다. 한니발은 전쟁에서 승리했으나 쾌락에 정복당했다."

맑은 정신으로
아침을 마주하라

순수한 기쁨으로 가득 찬 감각이라도 우리가 그것에 굴복하면 그리스 신화에 나오는 사이렌에 이끌리듯 인생의 바위와 소용돌이에 휘말려 난파하고 말 것이다. 우리는 잘못된 식습관으로 인해 많은 질병을 불러온다.

술이라는 단어는 종종 북방 민족의 위대한 저주인 알코올과 동의어로 사용된다. 술은 어떤 경우에는 귀중한 약으로 쓰이지만, 이길 수 없는 죄와 불행과 고통의 원인이 될 정도로 큰 유혹이다. 깨끗한 물은 누구도 죄인으로 만들지 않지만, 범죄는 대개 지나친 음주 때문이라고 할 수 있다.

유대인의 속담 중 이런 말이 있다. "사탄이 인간의 마음으로 들어갈 수 없을 때 대신 술을 보낸다."

　악마가 들어와서 문 안에 서 있으면 평화와 희망과 기쁨은 다
　시는 그곳에 머물지 않는다.

– 샐리

　고대 로마의 역사학자 플리니는 말한다. "술은 손을 떨게 하
고, 눈에 힘이 풀리게 하며, 자야 할 때 잠을 어지럽히고, 악몽
을 꾸게 하고, 아침이면 입에서 악취가 나게 하고, 모든 일을 완
전히 망각하게 한다."
　영국의 군인이자 탐험가인 월터 롤리는 플리니의 말을 인용
하며 이렇게 덧붙였다. "술을 좋아하는 사람은 비밀을 지킬 수
없으므로 누구에게도 신뢰받지 못한다. 술은 사람을 야수로 만
들 뿐 아니라 미치광이로 만드나니, 당신이 술을 좋아한다면,
당신의 아내와 자녀와 친구들이 당신을 경멸할 것이다."

　저들은 두뇌를 앗아가는 적을 그 입에 넣고 있구나! 기쁨과 쾌
　락, 향락과 박수가 우리를 야수로 바꿔놓을지니.

– 셰익스피어

"지혜로운 사람이 차츰 어리석은 사람이 되다가 결국에는 짐승이 된다." 그런데 이 말은 짐승에게는 아주 부당한 표현일 수도 있다. 반면에 절제의 보상은 얼마나 풍성한가.

비록 내가 늙어 보이지만 나는 건강하고 활력이 넘치니 젊었을 때 나는 뜨겁고 반항적인 술을 단 한 번도 내 피에 섞지 않았노라. (……) 그러므로 내 나이는 강인한 겨울과 같고 서리가 내렸으나 아무렇지 않도다.

– 셰익스피어

성경에 음주의 해로움을 언급하는 구절이 많지 않다는 사실에 놀라기도 하겠지만, 성경은 더운 나라에서 기록되었다는 사실을 잊지 말아야 한다. 음주는 특히 추운 나라에서 흔하게 나타나는 악습이다. 솔로몬은 술을 이렇게 비난한다.

재앙이 뉘게 있느뇨? 근심이 뉘게 있느뇨? 분쟁이 뉘게 있느뇨? 원망이 뉘게 있느뇨? 까닭 없는 상처가 뉘게 있느뇨? 붉은 눈이 뉘게 있느뇨? 술에 잠긴 자에게 있고 혼합한 술을 구하러 다니는 자에게 있느니라. 포도주는 붉고 잔에서 번쩍이

며 순하게 내려가나니 너는 그것을 보지도 말지어다. 그것이

마침내 뱀같이 물 것이요 독사같이 쏠 것이며

— 〈잠언〉 23장 29~32절

음주라는 악습이 줄어들 것이라는 희망에는 그만한 근거가
있다. 사람들이 지적인 직업에 종사할 기회가 늘어나고, 음악과
그림과 책을 더 쉽게 접할 수 있으며, 편안하고 안락한 집에 살
게 되면서 술을 절제해왔고 지금도 절제하고 있다.

식탁 위의
중용

술의 해악이 두드러지듯 과식의 해악도 매우 흔하다. 아마도 열 명 중 아홉 명은 필요 이상으로 몸에 좋은 것보다 더 많이 먹는다. 가끔의 포식은 문제가 되지 않지만, 매일 지속적으로 음식을 과잉 섭취하는 것은 몹시 해롭고 위험하다.

사람들은 너무 많이 먹고, 지나치게 적게 먹을 때도 별다른 걱정을 하지 않는다.

중용은 인생 전체를 관통해야 하는 원칙이다. 영국의 작가 애너 슈얼은 말한다. "지식과 활력이라는 황금을 잘 다듬는다면 그 가치가 열 배로 늘고, 힘에 부드러움을 더하고 열정에 절제를 더하는 것이야말로 성공에 이르는 가장 위대한 비결이다."

중용은 나약함이 아니라 강인함이며, 자기 통제와 자제력을 의미한다.

식사를 너무 오래 하지 말고 빨리 먹지도 말라. 더 먹고 싶다는 느낌이 들 때 식탁에서 일어나라. 위가 가득 차면 뇌는 제대로 활동할 수 없다. '저녁 식사 후 잠깐 휴식'을 취하는 것은 좋은 습관이지만, 너무 많이 먹어서 다음 식사 시간까지 쉬어야한다면 그것은 너무나 딱한 인생이다. 살기 위해 먹되 먹기 위해 살지 말라. 식사 시간이 길어지면 그만큼 인생은 짧아진다.

미개인들이 '주술사'가 되고 싶어 할 때 준비하는 것 중 하나는 장기간의 금식이다. 금식하고 나면 신경계의 활동이 증가하는데, 그들은 여기에서 영감을 얻는다. 그들의 생각은 매우 지나치기는 하지만, 금식해본 사람이라면 음식의 양을 줄일 때 정신적인 활동이 더 활발해지는 것을 체감한다.

위가 가벼우면 마음도 가벼워진다. 너무 많이 먹으면 기분이 가라앉고, 종종 다른 모든 병을 합친 것만큼 소화불량으로 고생하곤 한다.

베이컨은 말한다. "식사에 갑작스러운 변화를 주지 말라. 부득이 변화가 필요하다면 나머지 생활도 거기에 맞춰라. 고기를 먹는 시간과 수면 시간, 운동 시간에는 자유롭고 즐거운 마음을 갖도록 하라. 그래야 오래 이어갈 수 있다."

애버내시는 말한다. "건강하게 살고 싶다면 하루에 6달러로 살아야 한다. 그리고 그 돈을 직접 벌어야 한다." 이 지혜로운 말은 식사와 운동의 핵심적인 요건을 담고 있다. 특히 요즘이라면 건강에 좋은 음식을 쉽게 찾을 수 있다. 이 말은 건강이 얼마나 중요한지도 알려준다.

지금 우리가 처한 상황에서 야외에서 보내는 것은 결코 시간 낭비가 아니다. 그런 시간 덕분에 "이 땅에서 살 날이 길어진다." 로마인들에게 "공기 속에 있을 때 건강하다"라는 훌륭한 속담이 있는데, 이처럼 밖에서 보내는 시간은 많으면 많을수록 좋다.

깨끗한 물은 신선한 공기만큼이나 중요하다. 충분한 양의 물, 견딜 수 있다면 차가운 물을 마시는 것이 몸에 이롭다. 치아 관리가 중요한 것처럼 사소해 보이는 것조차 삶에 큰 차이를 만들 수 있다.

건강은 약보다는 습관과 식습관의 문제다. 우리 조상들은 질병을 예방하기 위해 약을 먹곤 했다. 의사 대학뿐만 아니라 베이컨도 이를 권장했다. 그러나 그것은 근본적인 오류였다. 이 오류를 최초로 지적한 사람은 영국의 철학자 로크였다. 의학이라는 용어 자체가 약의 사용을 의미한다. 그러나 우리가 지혜롭게 산다면 약에 기댈 일은 없다.

자연이 정당한 경기를 하도록 두어라. 나폴레옹은 말한다. "자연의 법칙을 거스르지 말라. 자유의 치유력에 맡기면 어떤 약보다도 너 큰 효과를 낼 것이다."

충분한 공기와 물, 알맞은 식사만으로도 건강과 힘의 마음껏 즐길 수 있으며 심지어 나이들어서도 젊음을 유지할 수 있다.

왜 마음까지
해치는가

건강은 단순히 몸의 문제만이 아니다. 리처드슨 박사는 말한다. "분노, 증오, 슬픔, 두려움은 생명력을 파괴하는 가장 큰 요인이다. 반면에 명랑함, 유머, 마음의 평화는 건강을 유지하게 해주는 아주 효과적인 요소다."

고대 스파르타의 전설적인 입법자 리쿠르고스는 스파르타의 식당마다 웃음의 신을 뜻하는 작은 동상을 세웠다고 한다. 프랑스의 철학자이자 박물학자인 뷔퐁은 "사람들은 대부분 더 오래 살 수는 있는데도 자만과 억울함으로 일찍 죽는다"고 말했다. 그는 자기 나라 사람들에 대해 말했지만, 이 말은 누구에게나 해당된다.

사람들은 신경을 곤두세우면 가장 사소한 골칫거리만으로도 재앙을 불러온다. 이는 휴식과 신선한 공기가 필요하다는 분명한 신호다.

과도한 압박에 시달리다 죽음으로 내몰리는 아이와 노인들 이야기를 흔히 듣는다. 사람의 몸을 망치는 것은 대부분 그 자체가 아니라 흥분과 걱정, 불안 때문이다. 게으름과 방종, 방탕으로 죽은 사람이 열심히 일하다가 죽은 사람보다 더 많다. 뇌도 근육처럼 운동이 필요하다. 아침 일찍 일어나고, 절제를 생활화하고, 현명한 습관으로 자신을 훈련하고, 일을 열심히 하되 과하게 하지 말라.

우리는 누구나 불면의 시기를 겪곤 한다. 큰 불행이 임박한 것처럼 느껴지고, 어떤 때는 극복할 수 있는 작은 어려움도 극복할 수 없는 것처럼 보이며, 온통 우울한 생각만 나고, 잘못되었거나 잘못될 수 있는 모든 일을 걱정한다.

그러나 절망하지 말라. 불면증으로 죽은 사람은 없다. 다만 무엇보다 약에 의존하지 말라. 약에 의존하는 것이야말로 정말 위험하다.

되도록 집 안에만 있지 말고, 밖에서 시간을 많이 보내며, 가능한 한 편안하게 생각하고 받아들여라. 그러다 보면 어느새 잠이라는 축복이 찾아올 것이다. 불면증이 너무 오래 지속되지만 않는다면 큰 선물을 받은 셈이다. 불면증 덕에 잠이라는 축복을 알게 되지 않았는가.

많은 경우 신체의 병은 마음에 원인이 있다. 의사들은 환자의 신체적인 증상만 고려할 것이 아니라, 종종 자신에게 이런 질문을 해야 한다.

그대는 마음의 병을 돌보지 못하겠느냐? 뿌리 깊은 슬픔을 기억에서 뽑아내지 못하겠느냐? 머릿속의 각인된 고통을 없애지 못하겠느냐? 망각이라는 달콤한 해독제로 마음을 무겁게 하는 그 위험한 것을 깨끗이 하지 못하겠느냐?

– 셰익스피어

건강은 행복의 주된 요소일 뿐만 아니라 좋은 일을 하기 위한 필수 요소다. 그것을 버리는 것은 낭비일 뿐만 아니라 이기적인 행동이다.

과로하면 좋은 일을 할 수 없고 최선을 다하기도 힘들다. 그런 상황에서 하는 일은 필연적으로 그 후에 더 많은 시간을 쉬어야만 한다. 그 상태에서 한 일은 완성도가 높을 리 없고 그 흔적이 보일 것이다. 판단력도 좋지 않을 것이다. 다른 사람과 협력이 필요한 일이라면 마찰과 오해가 생길 가능성이 크다. 지친 사람에게 그림을 그리게 해보라. 손을 제대로 움직이지 못하고 손가락이 떨릴 것이다. 이것은 단순히 근육의 피로 때문이 아니라 신경쇠약이 문제라는 것을 알 수 있다. 일은 즐거워야 하며, 일을 즐기려면 음식과 휴식, 운동을 소홀히 하지 말아야 한다. 꾸준하고 활기차게 일하되 쉬지 않고 일하지는 말아야 한다.

건강이 나빠지고 몸이 약해지는 것은 우리가 자초했을 때 두드러진다. 반면에 아무런 잘못도 없이 병약하게 태어난 사람도 있다. 그런 경우에는 자연은 총명함과 명석함을 주어 몸의 허약함을 보상하는 것 같다. 주위를 들러보면 신체의 고통을 훌륭하게 이겨내는 사람들이 있다. 그들의 밝고 낙천적인 성격은 건강을 누리는 사람들에게 교훈이 될 뿐만 아니라 고통스러운 삶을 묵묵히 이겨내며 살아가는 사람들에게도 좋은 본보기가 된다.

가질 수 있는 것 중에
가장 큰 것

가질 수 있는 것 중에
가장 큰 것

기록이 남아 있는 초기 시대부터 가장 현명한 사람들은 교육의 중요성을 강조해왔다.

고대 인도의 설화집 《히토파데사》에는 이런 말이 있다. "모든 보물 중에서 지식은 훔칠 수도, 나누어줄 수도, 탕진할 수도 없기에 가장 소중하다." 또한 플라톤은 "교육은 훌륭한 사람들이 가질 수 있는 가장 공정한 것"이라고 말했다.

몽테뉴는 무지를 "악의 어머니"라고 말했다. 미국의 평론가 마가렛 풀러는 《명사들의 삶(worthies)》에서 "학문은 베풀 수 있는 가장 큰 선물"이라고 말했으며, 프랑스의 한 도덕주의자는 "지식이 없는 힘은 위험하다"고 말했다. 무지한 삶은 항상 비루할 수밖에 없다. 지식은 생계 수단으로서 뿐만 아니라 삶의 수단으로서도 필요하다.

　이탈리아의 시인 페트라르카는 자신이 가장 중요하게 생각하는 것은 배우는 일이라고 말했고, 셰익스피어는 세이 경의 말을 이렇게 표현했다.

　무지는 신의 저주이며, 지식은 하늘로 날아갈 수 있는 날개.

　솔로몬은 아름다운 문장으로 이렇게 말한다.

　지혜를 얻은 자와 명철을 얻은 자는 복이 있나니 이는 지혜를 얻는 것이 은을 얻는 것보다 낫고 그 이익이 정금보다 나음이니라. 지혜는 진주보다 귀하니 네가 사모하는 모든 것으로도 이에 비교할 수 없도다. 그의 오른손에는 장수가 있고 그의 왼손에는 부귀가 있나니 그 길은 즐거운 길이요 그의 지름길은 다 평강이니라.

- 〈잠언〉 3장 13~17절

　그리고 이렇게 말한다.

지혜가 제일이니 지혜를 얻으라. 무릇 너의 얻을 것을 가져
명철을 얻을지니라.

– 〈잠언〉 4장 7절

그러나 특히 여아에 관해서는 오랫동안 반대 의견이 지배적이었다. "옷장이 여성의 도서관"이라는 독일 속담이 있었고, "여자들, 특히 소녀는 네 권의 복음서 또는 네 개의 벽 안에 보관해야 한다"는 프랑스 속담도 있었다. 한편으로는 가난한 사람이나 신사들도 교육과 아무 관련이 없다고 생각한 지 그리 오래되지 않았다. 교육은 사제와 수도사들만의 문제라고 생각했다. '서기(clerk)'라는 단어 자체가 이런 생각을 반영한다.

영국의 시인이자 비평가인 새무엘 존슨 박사처럼 현명하고 훌륭한 사람조차 모든 사람이 읽는 법을 배우면 세상에 육체노동을 할 사람을 찾을 수 없을 것이라며, 이를 자명한 이치처럼 말했다. 존슨 박사는 위대한 문학적 권위자였지만 노동의 존엄성을 깨닫지는 못했다.

이런 시기가 지난 다음에는 교육이 직업과 관련 있다는 인식이 지배적이었다. 특히 아이들을 자신의 신분에 맞게 교육해야 한다고 생각했다. 가난한 집 아이들에게는 기본적인 읽기, 쓰기

와 장부를 기록하기 위한 수학만 가르쳤다.

이런 인식은 다른 분야에도 이어졌다. 영국의 작가 윌리엄 해즐릿은 장사하게 될 소년들에게 그 밖의 어떤 것도 가르쳐서는 안 된다고 주장했다. 그는 "누구든지 머릿속에 다른 생각이 없어도 돈을 벌 것"이라고 했다.

이제 우리는 사람을 더 나은 노동자로 만드는 것뿐만 아니라 노동자를 더 나은 사람으로 만들기 위한 교육을 옹호한다. 그러므로 "학교를 여는 사람은 감옥을 닫는다"는 프랑스 작가 빅토르 위고의 말은 옳다.

스위스의 한 정치인은 말한다. "대부분의 아이들은 가난하게 태어나지만, 우리는 그들이 무지하게 자라지 않도록 주의한다."

영국의 시인이자 평론가 메튜 아놀드가 《교양과 무질서》에서 "문화와 우아함, 지성이 모두 쓸모없다고 생각하는 사람이 여전히 많다"고 말했지만, 이 책은 1869년에 쓰인 것이다.

배우는 자 세상을
바꾸나니

1870년은 교육법이 통과된 해로, 이는 영국의 사회 역사에서 가장 중요한 시기다. 당시 초등학교의 학생 수는 140만 명이었지만, 이제 500만 명이 넘는다. 그 결과는 어땠을까? 먼저 범죄와 관련된 통계를 살펴보면, 1887년 교도소에 수용된 죄수들의 수는 줄곧 증가하는 경향을 보였다. 그해 평균 수감자 수는 2만 800명이었다. 이후 그 수는 꾸준히 감소해 현재는 1만3천 명에 불과하다. 대략 3분의 1가량 줄어들었다. 그러나 그동안 인구가 꾸준히 증가했다는 것을 잊지 말아야 한다. 1870년 이후 인구는 3분의 1 정도 증가했다.

범죄자가 그와 같은 비율로 늘어났다면, 수감자 수는 1만3천

명이 아니라 2만8천 명, 혹은 그 두 배 이상이었을 것이다. 그렇다면 경찰과 교도소에 지출되는 비용은 400만 파운드가 아니라 최소한 800만 파운드가 되었을 것이다.

청소년 범죄의 경우 감소 폭이 훨씬 더 만족스럽다. 1856년에는 기소 범죄를 저지른 청소년이 1만4천 명이었다. 1866년에 그 수는 1만 명으로 줄어들었으며, 1876년에는 7천 명, 1881년에는 6천 명으로 줄어들었고, 내가 최근에 입수한 자료에 따르면 현재 청소년 수감자는 5,100명이다.

저소득층에 관한 통계를 살펴보면, 1870년에 인구 1천 명당 극빈자 수는 47명을 넘었고, 최고치는 52명에 달했다. 그 이후로 22명으로 줄어들었고, 대도시에서는 평균보다 훨씬 낮았다. 따라서 그 비율은 예전의 절반에도 미치지 못한다. 가난한 사람들을 위한 연간 지출액은 800만 파운드로, 과거의 세율을 유지하고 있었다면 1,600만 파운드 이상, 즉 현재보다 800만 파운드 더 많았을 것이다. 그렇다면 우리가 지금 20년 전과 같은 세율로 세금을 내고 있다면, 범죄자들을 위한 세출이 지금보다 400만 파운드 더 늘었을 것이며, 빈민을 위해서는 800만 파운드 이상이 더 늘어났을 것이다.

중범죄와 관련된 통계는 더 놀랍고 만족스럽다고 덧붙이고 싶다. 1864년에 5년 이상의 징역형을 선고받은 사람들은 연평균 2,800명이었지만, 인구 증가에도 불구하고 그 수는 꾸준히 감소해 이제 729명으로, 2,800명의 4분의 1에 불과했다. 실제로 교도소 여덟 곳이 더는 필요하지 않게 되어 다른 목적으로 활용되었다.

범죄와 무지함의 긴밀한 연관성을 보여주는 통계가 있다. 최근 보고서에 따르면, 수감된 15만7천 명 중에서 글을 읽고 쓸 수 있는 사람은 5천 명뿐이었고, 정상적인 교육을 받은 사람은 250명뿐이었다.

심각한 범죄에 대한 선고 횟수 역시 눈에 띄는 감소세를 보여주는 반면에 인구는 급격히 증가하고 있다.

나는 이런 문제를 돈과 관련된 문제로만 보지 않지만, 비용 문제를 내세워 교육을 반대하는 사람들은 비판하고 싶다. 물론 여러 가지 상황과 다양한 요인을 고려해야 하며, 이런 통계 수치가 흥미롭거나 매우 만족스럽다고 주장할 수 없다는 것을 알고 있다.

사실 범죄 중 단지 일부만이 고의적인 사악함이나 저항할 수 없는 유혹에서 비롯된다. 범죄의 가장 큰 원인은 음주와 무지다. 교육을 통해 얻은 만족스러운 결과들은 아이들이 학교에서 배우는 올바른 습관, 청결과 질서 습관뿐만 아니라 거리의 나쁜 짓들을 배우지 않고, 교육을 통해 범죄자나 부랑자들의 악행으로부터 격리하고 보호해주었기 때문이다.

빈곤율과 범죄자들이 줄어들고 특히 청소년 범죄가 감소하는 것을 보면서 교육의 효과를 실감한다.

그러나 우리가 최고의 교육 시스템을 구축했는지는 의문이다. 살아가면서 우리가 끊임없이 대답을 찾아야 하는 세 가지 중요한 질문이 있다. 이것이 옳은가 그른가? 이것이 진실인가 거짓인가? 이것이 아름다운가 추한가? 우리의 교육은 이런 질문에 답할 수 있도록 도와야 한다.

교육은 변호사나 성직자, 군인, 교사, 농부나 기술자를 양성하기 위한 것이 아니라 인간을 만드는 것이다.

칼, 포크, 숟가락이 저녁 식사의 전부가 아닌 것처럼 읽기와 쓰기, 수학과 문법은 교육의 전부가 아니다. 아브라함, 이삭, 야곱은 읽지도 쓰지도 못했고, 아마도 식사의 법칙에도 무지했을 것이다.

나는 종종 고전 교육을 공격한다는 비난을 받아왔다. 그러나 나는 그런 적이 없다. 고전은 교육에서 가장 중요한 부분이며, 이를 과소평가하거나 무시하는 것은 터무니없는 일이지만, 고전이 전부는 아니며, 영국의 하원의원 찰스 벅스턴이 지적했듯이 "우리의 교육은 2천 년 전 죽은 신사들이 사용했던 단어를 배우는 데 그치는 경우가 많다." 다른 과목을 소홀히 하는 것은 키케로의 비유를 빌리자면, 사람이 오른쪽만 돌보고 왼쪽을 소홀히 하는 것과 같다. 더구나 우리의 고전 교육은 문법에 너무 많은 관심과 시간을 할애하다 보니 고전 작가들의 감각은 사라져버렸다.

문법은 언어 과학의 한 분야이지만, 항상 과학적으로, 또는 가장 흥미로운 방식으로 가르치는 것은 아니다. 더욱이 지금 우리 아이들은 라틴어나 그리스어를 말하도록 가르치지 않는다. 그리고 가능한 한 쓸모없게 만들기 위한 마지막 예방책인지, 아이들은 로마인이나 그리스인 자신이나 실제로 다른 나라의 사람들, 심지어 스코틀랜드 사람들과는 매우 다르게 발음하도록 훈련받는다.

문법과 수학을 가르치는 것은 어쩌면 꽤 쉬운 일이다. 에머슨은 말한다. "하지만 젊은 영혼을 돕고, 에너지를 더하고, 희망을 불어넣고, 열정에 불꽃을 불어넣는 것, 새로운 생각과 확고한 행동으로 패배를 극복하는 것, 그것은 쉽지 않은 일이며, 신성한 사람들이 하는 일이다."

교육은 변호사나 성직자, 군인이나 교사, 농부나 장인을 만들기 위한 것이 아니라 인간을 만들기 위한 것이다. 밀턴은 "나는 완전하고 관대한 교육이라고 부른다"며, "평화와 전쟁의 사적이든 공적이든 모든 직책을 정의롭고 능숙하고 관대하게 수행할 수 있도록 인간을 양성하는 것"이라고 말했다.

읽고 생각하고
토론하라

철학자들은 사실의 문제를 끊임없는 사유와 설명으로 해결할 수 있다고 생각했다. 플루타르크는 "닭과 달걀 중 어느 것이 먼저인가라는 질문에 대해 흥미로운 논의를 제시했다. 그는 우선 닭이 먼저라는 논의를 제기했는데, 모두가 닭의 달걀이라고 말할 때 누구도 달걀의 닭이라고 말하지 않는다는 이유에서였다.

그들은 알지 못하지만 예술가의 눈은 매우 미묘해서 바위와 나무, 호수와 언덕에서 가장 신성한 은총의 모습을 본다.

– 존 휘티어

우리 아이들이 그런 능력을 알지 못한 채, 아니 알지 못하도록 하는 교육은 이제 더는 쓸모없다. 제프리스는 말한다. "많은 책 속에서 사상을 찾을 수 있으리라 기대하는 사람은 실망할 것이다. 사상은 시냇가와 바닷가, 언덕과 숲, 햇빛과 자유로운 바람 속에 깃들어 있다."

언어는 매우 불완전한 표현 수단이다. 모든 아이가 온전한 어른으로 자라는 것은 아니다. 그러므로 수학의 진리도 조심스럽게 적용해야 한다.

교육 체계의 결함 때문에 많은 사람들이 학교를 떠난 후 체계적인 공부를 계속 이어가지 못한다. "살면서 배운다"라는 말이 있듯이 우리는 살아 있는 한 계속 배워야 한다. 그러나 중요한 것은 신문이나 소설에서 스쳐 지나가는 정보를 배우느냐, 아니면 자기 훈련과 교육이라고 할 수 있는 것을 계속 이어가느냐 하는 점이다.

바람직한 교육이란 어떠해야 하는지 헉슬리 교수의 견해를 인용하겠다. "바람직한 교육이란 열다섯 살에서 열여섯 살 되는 보통 아이가 자기 나라 말을 쉽고 정확하게 읽고 쓸 수 있어야 하며, 뛰어난 작가들의 작품에서 우러나오는 문학적 탁월함을 느끼게 해주는 것이다. 또한 자기 나라 역사와 위대함에 대한 일반적인 지식을 가질 수 있도록 해야 한다. 사회가 존재하는 법칙, 물리와 심리 과학의 기초 원리를 습득하고, 수학과 기하학의 분명한 지식을 습득하게 해야 한다. 아이는 교훈보다는 실례를 통해 논리를 익혀야 하며, 음악과 미술이 힘들게 익혀야 하는 기술이 아니라 즐거움이라는 것을 깨닫게 해야 한다."

그렇게 해서 얻은 정보는 매우 흥미롭다. 위대한 해부학자 존 헌터의 다음과 같은 말에는 모두 공감할 것이다. "어릴 때 나는 구름과 풀에 대해 알고 싶었고, 가을에 나뭇잎이 왜 색이 변하는지 알고 싶었다. 개미와 벌, 새, 올챙이, 유충을 관찰했으며, 아무도 모르거나 관심을 두지 않는 것에 대해 끊임없이 질문하면서 사람들을 괴롭혔다."

로크는 교육에 관한 그의 논문에서 "책에 대해 한 가지만 말하겠다. 책이라는 이름이 붙었지만 책과의 대화는 공부의 주된 부분이 아니며, 책과 함께해야 할 다른 두 가지가 있다. 그 두 가지는 우리의 지식 향상에 이바지하는데, 그것은 명상과 담론이다. 독서는 정제되지 않은 자료들을 모으는 것에 불과하며, 그중 상당수는 쓸모없이 버려져야 한다. 명상은 말 그대로 알맞은 재료를 골라 맞추고, 나무틀을 짜고, 돌을 다듬고 쌓고, 건물을 짓는 것이다. 또한 친구와 하는 토론은 (분쟁에서 다투는 것은 거의 쓸모없지만) 건물을 살펴보고, 건물 안을 걸어보고, 각 부분의 대칭과 일치 여부를 관찰하고, 건물의 견고함과 결함을 조사해보고, 잘못된 부분을 찾아 수정하는 가장 좋은 방법이며, 그 외에도 종종 진리를 발견하고 그 진리를 마음속에 새기는 데 도움이 된다."

모든 시작은 나로부터

진정한 천재는 노력하는
사람이다

교육은 우리의 모든 능력을 조화롭게 계발하는 것이다. 교육
은 부모의 품에서 시작해 학교에서 계속되지만, 그것으로 끝이
아니다. 우리가 원하든 원하지 않더라도 교육은 평생 계속된다.
한 가지 중요한 사실은, 인생에서 배운 것이 지혜롭게 선택해서
배운 것인지 아니면 우연히 선택되어 받아들인 것인가 하는 점
이다.

영국의 역사가 에드워드 기번은 말한다. "모든 사람이 두 가
지 교육을 받는다. 하나는 다른 사람들에게서 배우는 것이고,
그보다 더 중요한 다른 하나는 스스로 배우는 것이다." 스스로
배우는 것은 다른 사람에게 배우는 것보다 훨씬 더 유용하다.

로크는 말한다. "교사의 규율과 통제 아래 다양한 지식을 쌓았거나 뛰어난 업적을 남긴 인물은 아무도 없다." 마음을 깨끗이 비우고 원하는 것들만 장식하기는 어려운 일이다. 오직 선과 악 중 어느 것을 받아들이며, 이를 위해 얼마나 노력하느냐가 문제일 뿐이다.

학창 시절에 두각을 나타내지 못했다고 해서 낙담할 필요는 없다. 위대한 사람들이 어릴 때부터 두드러졌던 것은 아니다. 만일 최선을 다하지 않았다면, 낙담하지는 않아도 되지만 부끄러워는 해야 한다. 그러나 최선을 다했다면 조금 더 참고 견디면 된다. 학창 시절에는 특출나지 않았지만, 훗날 성공한 사람들이 많다. 웰링턴과 나폴레옹은 어릴 때 아둔하다는 말을 들었다. 아이작 뉴턴, 딘 스위프트, 클라이브, 월터 스콧, 셰리든을 비롯한 유명한 사람들도 마찬가지였다.

학교 다닐 때 우등생이 아니었다고 해서 사회에서도 성공하지 못할 것이라고 결론 내린다면 그것은 너무나 잘못된 논리다. 천재란 '무한히 노력하는 능력을 갖춘 사람'으로 묘사되지만, "노력하지 않는다면 천부적인 소질도 아무 소용없다"는 릴리의 말은 여전히 옳다.

똑똑하고 명석했던 아이들이 건강 문제나 게으름 혹은 성품의 결함으로 인해 훗날 패배자가 되기도 한다. 그 아이들은 괴테의 표현처럼 "겹꽃을 피우지만 열매를 맺지 못하는 식물"과 같이 마차를 몰거나, 양털을 깎거나, 잡문을 쓰며 간신히 생계를 이어가기도 한다. 반면에 남들에 비해 느리지만 부지런하고 고결한 성품을 가진 아이들은 꾸준히 성장해서 존경받는 자리에 올라 자신의 이름을 널리 알리고 나라에 봉사한다.

교육의 가치를 의심하는 사람들도 있다. 영국의 교육자이자 역사가인 토머스 아널드 박사는 그의 책 《기독교인의 삶》에서 이렇게 말한다. "사람들은 순진무구함과 무지를 혼동하면서 자신을 위로한다. 그러나 인간에게서 지식을 빼앗는다면, 갓난아기 상태로 되돌아가는 것이 아니라 가장 해롭고 흉악한 야수 상태로 돌아가는 것이다." 그가 다른 글에서 언급했듯이 삶에 지침이 되는 교육을 소홀히 하거나 무시한다면, 그는 욕정의 노예가 되고 유아기의 무지와 어른의 악습만 지니게 된다.

학교에서 올바르게 교육받은 사람은 평생토록 배움을 멈추지 않는다. 눈앞의 하찮은 이익을 위해 공부하거나 공부하는 목적이 '밥벌이'를 위해서라면 그것은 아주 천박한 시선이다. 교육의 올바른 목적에 대해 솔로몬은 이렇게 말한다.

이는 지혜와 훈계를 알게 하며 명철의 말씀을 깨닫게 하며 지
혜롭게, 공의롭게, 정의롭게, 정직하게 행할 일에 대하여 훈
계를 받게 하며 어리석은 자를 슬기롭게 하며 젊은 자에게 지
식과 근신함을 주기 위한 것이니.

– 〈잠언〉 1장 2~4절

미국의 사상가 헨리 데이비드 소로는 말한다. "떨어진 1달러
짜리 은화를 줍는 데는 누구든 수고를 아끼지 않으리라. 그러나
고대의 현자들이 남긴 지혜로운 말이 있고, 세월이 흘러도 그
말의 가치는 절대 변하지 않는다." "젊은이는 경험이 없고, 노인
은 힘이 없다"는 프랑스 속담이 있다. 올바른 교육은 젊은이에
게는 지식을, 노인에게는 힘이라는 두 가지 필수적인 요소를 제
공해준다. 프랭클린은 말한다. "경험이야말로 소중한 학교이지
만, 어리석은 사람은 거기에서 아무것도 배우지 못한다."
　그러므로 인생에서 좋은 출발은 이미 반은 승리한 것이다.

　마땅히 행할 길을 아이에게 가르치라. 그리하면 늙어도 그것
을 떠나지 아니하리라.

– 〈잠언〉 22장 6절

마땅히 행할 길을 배워라

인생의 시작이 올바르면 앞으로 나아갈수록 점점 더 쉬워질 것이다. 반면에 잘못 시작하면 갈수록 돌이키기가 어렵다. 배우기는 어렵지만, 잘못 배운 것을 잊기란 더 어렵다.

책이나 사람, 사상, 제도에서 무엇이 최선인지 익히고 마음에 깊이 새겨라. 다른 사람들보다 아는 것이 적다고 부끄러워할 필요가 없지만, 배울 수 있는데도 배우지 않는다면 마땅히 부끄러워해야 한다. 교육은 언어를 공부하고 많은 사실을 배우는 것에 그치지 않는다. 교육은 단순한 학습과는 전혀 다르며, 그것보다 더 높다. 학습은 미래에 사용하기 위해 지식을 축적하는 것이지만, 교육은 훗날 30배, 60배 혹은 100배의 열매를 맺을 씨앗을 뿌리는 것이다.

지혜가 제일이니 지혜를 얻으라. 네가 얻은 모든 것을 가지고
명철을 얻을지니라.

– 〈잠언〉 4장 7절

일반적으로 지식은 지혜보다 낮은 단계이며, 때때로 지식이
인색한 평가를 받는 것도 사실이다. 예를 들어 이런 말을 들은
적이 있을 것이다.

지식은 많이 배웠다고 우쭐대지만 지혜는 아무것도 모른다고
고개를 숙인다.

– 윌리엄 쿠퍼

그러나 이 말이 꼭 옳은 것은 아니다. 많이 배운 사람은 자신
이 아는 것이 얼마나 적은지 누구보다 가장 잘 알고 있다. 영국
의 신학자인 버틀러 주교도 이렇게 말한다. "심오한 학문을 연
구하고 어려운 진리를 탐구하는 사람은 자신이 하는 일에서 잘
못을 범하지 않도록 주의해야 한다. 그들의 발견이 선과 종교

에 공헌하거나 삶의 불행을 덜어주고 행복을 증진시킨다면 가장 유용하게 사용된 것이다. 그러나 단지 사물의 실체를 밝히는 것에 머문다면 오락이나 기분 전환 외에는 가치가 없다." "지식은 무례하고 무익한 지식이 마구잡이로 쌓은 단순한 재료." 이처럼 지식을 부당히게 평가하기도 한다. 그러나 재료 선택에 주의하지 않는다면 서툰 건축가에 머물 뿐이며, '사물의 실체를 밝히는 것'이 어떤 결과를 가져올지는 아무도 모른다. 한때는 아무 쓸모 없는 것처럼 보였던 지식이 나중에는 가장 가치 있는 것으로 드러나기도 한다. 지식은 힘이다. 킹슬리는 말한다. "전신기에 대한 지식은 시간을 절약하게 해주고, 문자에 대한 지식은 인간의 말과 이동의 수고를 덜어주며, 경제에 관한 지식은 수입을 늘려주고, 위생에 대한 지식은 건강과 생명을 지켜주며, 지능의 법칙에 관한 지식은 뇌의 소모와 피로를 덜어준다. 그렇다면 영혼의 법칙에 대한 지식이 도움을 주지 못할 곳이 어디 있겠는가."

영국의 사회학자 허버트 스펜서는 말한다. "직접적인 자기보존, 즉 생명과 건강을 유지하기 위해 가장 중요한 지식은 과학이다. 우리가 생계를 유지한다고 부르는 간접적인 자기보존을 위해 가장 가치 있는 지식도 과학이다. 부모 역할을 제대로 하기 위한 올바른 지침도 과학에서 찾을 수 있다. 시민이 자신의 행위를 올바르게 규제하고 현재의 국민 생활을 이해하기 위해 없어서는 안 될 핵심도 과학이다. 모든 형태의 예술을 가장 완벽하게 창조하고 즐기는 데 필요한 것 역시 과학이다. 그리고 훈육을 목적으로 한 지적, 도덕적, 종교적 수련을 위해 효율적인 학문 또한 과학이다."피치 박사는 말한다. "내 삶을 돌아보고, 특히 지난 오랜 학창 시절과 대학 시절을 생각해보면, 수학 공식, 문법 규칙, 감미롭고 들뜨는 시 한 구절, 과학적 진리들이 예상하지 못한 방법으로 떠오르곤 했는데, 그런 지식은 내가 예상했던 것보다 더 쓸모 있었다. 그때 배운 것들 덕분에 책과 주위에서 일어나는 역사적 사건들을 더 잘 이해하고 삶을 더 넓고 흥미롭게 바라볼 수 있었다."마지막으로 영국의 성직자 딘 스탠리의 말을 인용하겠다. 그는 《삶》에서 이렇게 말한다. "진리를 향한 순수한 사랑은 얼마나 귀하고 자비로운가. 우리는 그것의 가치를 당장은 알아차리지 못한다. 과학자들의 발견과 업적으로 이 세상이 얼마나 행복해졌는지 이 세대나 다음 세대까지 제대로 깨닫지 못할 것이다. 과학자들은 오직 진리를 향한 사랑에 이끌려 그처럼 빛나는 원리를 찾아냈다."

솔로몬은 이렇게 말한다.

지혜 있는 자는 듣고 학식이 더할 것이요, 명철한 자는 지략을 얻을 것이라.

- 〈잠언〉 1장 5절

진리를 향한
열정

어떤 지식이라도 유용하지 않은 것은 없으며, 적어도 한 번쯤은 가치 있게 쓰일 날이 온다. 이 세상에 하찮은 것은 없으며, 하찮은 마음만 있을 뿐이다.

영국의 소설가이자 정치가 벤저민 디즈레일리는 말한다. "지식은 야곱의 꿈에 나타난 신비로운 사다리와 같다. 사다리 밑부분은 태고의 땅에 놓여 있지만, 꼭대기는 높은 하늘의 광채 속으로 모습을 감춘다. 전설의 시대에 과학과 철학, 시와 학식을 엮어내던 위대한 작가들은 이 신성한 사다리를 오르내리며 지상과 천극 대화를 이어준 찬사와 같다."

그러나 위대한 원리를 찾아낸 사람들 중 상당수가 잘 알려지지 않았다는 것은 애석한 일이다. 그들은 세상에 알려지지 않아도 괜찮다고 할 수 있겠지만, 우리는 감사하는 마음으로 그들을 잊지 말아야 한다. 위대한 원리를 찾아낸 그들은 그들 자신이나 명성을 위해 일하지 않았다.

지칠 줄 모르는 열정으로 진리를 추구했고 즐거움이 없는 길을 걸었다. 칭찬이나 비난에도 자기가 디뎌야 할 길을 밟았고 나머지는 신께 맡겼다. 그들의 이름은 어떤 시인도 불멸의 노래 속에 새겨지지 않았더라도 그들에 대한 기록은 천상에 새겨지고 그들의 머리에는 영광의 면류관이 씌워지리라.

— 레슬리 드와트

연구에 몰두하는 것은 삶을 즐기는 데 절대적으로 필요하다. 지금 자신이 하는 일에 마음의 반만 쏟고 있다면, 훗날에 두 배 이상의 노력이 필요해질 것이다. 지적인 기쁨이 인간의 행복에 너무나 작은 부분을 차지한다는 것은 더없이 슬픈 일이다. 영국의 작가이자 정치가 존 몰리는 이렇게 말한다. "의무를 다해 행복하게 살기 위해서는 지혜로운 생각과 올바른 감정을 유지하는 것이 가장 중요하다."

인간의 두뇌는 사고의 전당이며 영혼의 궁전이어야 한다.

—바이런

시인 존던은 이렇게 노래한다.

우리는 우리 자신의 농부라.
우리 자신의 싹을 틔우고 무성하게 키운다면
위대한 미래에 쓰일 값진 보물이 될지니.

실증주의자들의 신조에는 내가 동의할 수 없는 부분이 많지만, 그들에게는 고귀한 좌우명이 하나 있다. "사랑은 원칙이고, 질서는 근본이며, 진보는 목표다."

에머슨은 말한다. "조상의 전통에 따라 신을 숭배하는 순수한 사람들이 있지만, 의무감은 모든 능력을 사용하는 데까지 확대되지 못했다."

인간은 모든 것을 자신의 잣대로 측정한다. 가장 높은 산의 높이와 바다의 깊이를 사람의 발 크기를 기준으로 측정하며, 산수 표기법은 우리 손가락 열 개를 근거로 만들어냈다. 그러나 인간은 얼마나 가련한 존재인가? 그처럼 가련한 인간은 또 얼마나 위대해질 수 있는가? 과연 인간이란 어떤 존재인가?

데카르트는 《성찰》에서 이렇게 말한다. "인간은 사유하는 실체다. 나는 의심한다. 그리고 확인한다. 부족한 지성과 무지를 깨닫는다. 그리고 인식한다."

또한 프랑스의 사상가 파스칼은 이렇게 말한다. ""인간은 자연에서 가장 연약한 갈대에 불과하지만, 인간은 생각하는 갈대다. 우주가 인간을 파괴하려 한다면 인간은 무장할 필요가 없다. 숨을 내쉬거나, 물 한 방울이면 충분하다. 그러나 우주가 인간을 파괴할 수 있다고 해도 인간은 우주보다 더 고귀하다. 인간은 자신이 죽는다는 것을 알고 있기 때문이다. 그러나 우주는 비록 인간보다 월등해도 자신의 힘을 알지 못한다."

배움에는 왕도가
없다

인간이 완벽해지는 데 필요한 자질은 무엇일까? 냉철한 머리와 따뜻한 가슴, 명확한 판단력과 건강한 신체다. 냉철한 머리가 없으면 성급한 결론을 내리기 쉽고, 따뜻한 가슴이 없으면 이기적인 인간이 될 것이고, 건강한 신체가 없으면 아무것도 할수 없으며, 명확한 판단력이 없으면 좋은 의도조차 해를 끼칠수 있다. 사람들을 칭찬할 때 우리는 "그는 더할 나위 없는 신사"라고 말한다. 신사란 무엇을 의미하는가? 소설가 윌리엄 새커리는 말한다. "신사가 된다는 것은 정직하고, 온화하며, 용감하고, 현명해지는 것이다. 이 모든 성품을 갖추고 가장 품위 있는 태도로 그것을 실천하는 것이다. 그러나 신사는 우리가 생각하는 것보다 찾기 어렵다."

파라 부주교는 말한다. "인생에서 가장 완벽한 상태에 가까이 다가간 사람은 절제와 금주, 순결로 건강한 상태를 유지하는 사람이다."

영국의 철학자이자 경제학자인 존 스튜어트 밀은 말한다. "스스로 공부하는 가장 확실한 방법은 모든 것에 질문을 던지는 것이다. 그 어떤 어려움도 회피하지 말아야 하며, 근거 없는 부정적인 비판에 휘둘리지 말아야 하며, 잘못되거나 모순되거나 혼란스러운 생각에 빠지지 말아야 한다. 무엇보다 말을 하기 전에 말하고자 하는 내용의 의미를 분명하게 알고, 어떤 주장에 동의하기 전에 반드시 그 의미를 이해하고 있어야 한다. 이것은 우리가 배워야 할 교훈이다."

적어도 교육의 초기 단계에서는 모든 사람이 동등하다. 신분이나 재산은 아무런 이점이 되지 않는다. 영국의 동양학자이자 법률가 윌리엄 존스는 자신이 농부의 신분으로 태어났으나 스스로 왕자의 교육을 받았다고 말했다. 옛말에 배움에는 왕도가 없다고 하지만, 오히려 모든 길이 왕도라고 해야 옳다. 그리고 그 상은 얼마나 대단한가. 교육은 세계의 역사를 밝혀주며, 나아갈 길을 알려준다. 교육은 세계의 모든 문학을 감상할 수 있게 해준다. 교육은 우리 앞에 자연이라는 책을 펼쳐주며, 가는 곳마다 흥미로운 것들을 찾아내게 해준다.

그는 모든 면에서 진실한 사람이었다. 다시는 그와 같은 사람을 볼 수 없을 것이다.

－ 셰익스피어

우리가 이런 말을 듣기는 어렵겠지만, 다음과 같은 말을 들을 수는 있다.

그의 인생은 하루하루가 아름답다.

－ 셰익스피어

우리 안에는 더 나은 사람이 되고자 하는 영원한 갈망이 있지 않은가. 교육이 성공적이지 못했다면, 그것은 교육 자체의 잘못이 아니라 교육받은 사람의 경솔한 마음 때문이다. 베이컨은 이렇게 말한다. "인간은 때로는 타고난 호기심과 탐구심으로, 때로는 변화와 기쁨을 누리기 위해, 때로는 자신을 꾸미고 명성을 얻기 위해 배움과 지식의 욕구에 빠져든다. 그러나 조물주가 인간에게 유익한 도움을 주기 위해 이성이라는 선물을 진지하게 제공하는 경우는 거의 드물다. 지식의 연구에 지친 정신을 쉴 수 있는 안락의자를 찾는가? 방황하고 변덕스러운 마음을 쉬게 하기 위해 전망 좋은 테라스를 찾는가? 정신을 쉬게 할 높은 탑을 찾는가? 선투를 지르기 위한 요새니 유리한 지형을 찾는가? 아니면 이익과 판매에 도움 되는 상점을 찾는가? 그러나 조물주의 영광을 빛내고 인간을 구원해줄 지식의 보고를 쌓기 위해 지식을 좇는 사람은 많지 않다."

읽는 사람이 세상을
읽는다

책이 우리에게 오는
동안

500여 년 전에 더럼의 주교였던 리처드 드 베리는 책을 찬양하는 글에서 이렇게 말했다. "책은 회초리와 매를 들지 않고, 거친 말과 분노 없이, 옷이나 돈이 없어도 우리를 가르치는 스승이다. 그에게 다가갔을 때 그는 늘 깨어 있으며, 이것저것 깨물어도 무엇 하나 숨기지 않으며, 실수해도 원망하지 않으며, 무지하더라도 비웃지 않는다. 그러므로 지혜의 도서관은 어떤 재물보다 더 귀하며, 그 어떤 것과도 비교할 수 없다. 진리와 행복, 지혜, 과학, 심지어 믿음을 열렬히 구한다면, 반드시 책을 사랑하는 사람이 되어야 한다."

지금 우리가 그토록 찾고자 하는 진리를 그는 이미 오래전에 우리에게 알려주고 있다. 그 당시보다 우리는 훨씬 더 나아졌다. 인쇄술의 발전은 우리를 풍요롭게 하고, 누구나 책을 저렴하게 살 수 있다. 술 한 잔 값으로 한 달 동안 읽을 수 있는 책을 살 수 있지만, 그 당시에는 책이 너무나 비쌌고 누구나 읽을 수 있는 것도 아니었다. 다시 말하지만, 지금은 책이 작고 가벼운데 반해 그들의 책은 두껍고 커서 들고 다니거나 읽기에 매우 불편했다. 우리가 가장 많이 배운 책조차 어떤 의미에서는 가볍게 읽을 수 있는 책이다. 그러나 훨씬 더 중요한 사실은, 우리에게는 드 베리가 읽을 수 있었던 가장 흥미로운 책들뿐만 아니라 더 많은 책이 있다는 것이다. 고대의 문헌 중에서도 많은 것이 유실되었다가 재발견되었다.

그가 살던 시대에 소설은 거의 알려지지 않았다. 그는 셰익스피어나 밀턴, 스콧, 바이런보다 앞선 시대를 살았으며, 더 최근의 작가들은 말할 것도 없다. 우리는 쿡 선장, 다윈, 훔볼트를 비롯한 수많은 위대한 여행가와 탐험가들의 흥미진진한 여행 이야기를 들을 수 있다. 과학 분야에서는 화학과 지질학이라는 새로운 분야가 탄생했으며, 실제로 발견의 진전은 자연사, 천문학, 지리학 등 다른 모든 과학을 훨씬 더 흥미롭게 해주고 있다.

독일의 철학자 쇼펜하우어는 "학문이 내게 돈을 벌게 해주지는 못했지만 상당한 비용을 절약하게 해주었다"고 말했다. 한 국가를 놓고 볼 때, 과학이 우리의 수입을 엄청나게 증가시켰을 뿐만 아니라 다양한 방법으로 지출을 크게 줄였다는 사실에 감 사하고 인정해야 한다.

학교, 도서관, 박물관에 쓰는 돈은 소비가 아니라 투자다. 그 러나 우리가 학교와 공공 도서관을 높이 평가하는 것은 우리의 주머니를 아껴주기 때문이 아니라 시민들의 삶을 밝고 환하게 하는 데 크게 이바지하기 때문이다. 학교와 공공 도서관이 없다 면 가난한 사람들의 삶에 희망조차 비추지 않았을 것이다.

나는 다음 세대에 위대한 독자들이 우리의 장인과 기계공이 될 것이라고 말했다가 여러 번 농담 섞인 비웃음을 사곤 했다. 그러나 공공 도서관의 지속적인 증가가 이런 내 주장을 뒷받침 하는 논거가 아닐까. 공공 도서관이 지으려고 시민들의 의견을 물을 때, 성직자와 변호사, 의사와 상인들은 전체 의견의 극히 일부에 불과하다는 것을 우리는 알고 있다. 공공 도서관은 장인 과 작은 상점 주인들을 위해 존재하며, 그들이 주로 이용한다.

책은 노동자들에게 특히 필요하다. 노동자들의 삶은 몹시 단 조롭다. 어쩌면 야만인이 그보다 훨씬 더 다양한 삶을 살았는지 도 모른다. 그들은 사냥하는 동물의 습성, 이동 경로, 먹잇감을 관찰해야 했고, 낚시하는 장소와 방법을 알아내야 했으며, 달이 바뀔 때마다 새로운 일을 해야 했고, 먹을거리도 때때로 달라졌다. 무기를 준비해야 했고, 집을 제 손으로 지어야 했으며, 지금은 너무나 쉬운 불을 피우는 것조차 노동과 기술의 문제였다.

농부도 할 일이 한둘이 아니다. 쟁기질하고 씨를 뿌리고 곡물을 베고 수확해야 한다. 어떤 계절에는 묘목을 심고, 다른 계절에는 낫과 도끼를 사용한다. 양과 돼지, 소 떼를 돌봐야 한다. 쟁기를 끌고, 울타리를 치고, 볏단을 묶어 쌓는 것은 여간 어려운 일이 아니다.

어느 날 한 행인이 워즈워스에게 그의 서재를 보여 달라고 하자, 하녀가 이렇게 말했다고 한다. "여기가 주인님의 서재이기는 하지만, 주인님은 지금 밖에서 공부하고 계십니다."

농부는 들에서 많은 것을 배운다. 그는 책이 아닌 현장에서 배웠지만, 우리가 생각하는 것보다 훨씬 더 많은 것을 알고 있다. 그런데 상점이나 공장에서 일하는 사람들은 아주 단조로운 삶을 살아간다. 연초부터 연말까지 하나의 공정 또는 공정의 한 부분에만 국한되어 있다. 그들은 의심할 여지없이 기적에 가까운 기술을 습득하지만 다른 한편으로 그 기술은 편협하다. 그가 살아 있는 기계가 되지 않으려면 책을 통해서만 필요한 변화와 재미를 얻을 수 있다.

　다행히 요즘은 노동 시간이 단축되는 추세이며, 일이 수월해지고 있다. 그러나 여가 시간이 게으름의 시간이 되어서는 안 된다. 여가는 가장 큰 축복 중 하나이며, 게으름은 가장 큰 저주 중 하나다. 여가는 행복의 원천이고, 게으름은 불행의 원천이다. 가난한 사람에게 며칠 동안 휴가가 주어졌다면 그 시간을 어떻게 활용해야 할까? 그가 도서관에 갈 수 있다면 시간을 낭비하는 일은 없을 것이다.

책의 문은 늘
열려 있다

아이들을 교육하는 이유는 어른들에게도 똑같이 적용된다. 우리는 이제 전국 곳곳에 좋은 초등학교들이 있다. 우리는 아이들을 가르치는 데 최선을 다한다. 아이들에게 읽기를 가르치고, 책 읽기를 좋아하게끔 애쓴다. 왜 그럴까? 공부하지 않고는 누구도 더 나은 사람이 될 수 없고, 공부는 사람을 더 나은 직업인으로, 더 나은 직업인이 되면 자연히 더 훌륭한 사람이 된다고 믿기 때문이다. 그러므로 교육은 결코 멈춰서는 안 되며, 도서관은 아이들은 물론 어른을 위한 학교다.

알프레드 왕이 어렸을 때 책에 온 마음을 쏟았다. 그의 어머니는 그에 대해 이렇게 말했다. "책을 읽을 수 있게 된 때부터 아들은 늘 책을 가지고 다녔어요." 우리 아이들은 글자를 읽을 줄 안다. 그렇다면 이제 책을 제대로 읽어야 않을까.

일반적인 의미에서 사회주의자가 아닌 사람들이라도 사회주의가 그들이 기대하는 효과를 가져온다면 기꺼이 사회주의자가 되려고 할 것이다. 사회주의가 '최대 다수의 최대 행복'을 증진할 것이라는 믿음이 없어서 사람들은 사회주의자가 되려 하지 않는다. 그런데 우리가 느끼는 그런 어려움이 책에는 적용되지 않는다.

어느 가난한 여성이 생전 처음 바다를 보고는 너무나 기뻐 이렇게 말했다고 한다. "모든 사람이 마음껏 누릴 수 있는 뭔가를 보았다는 것이 얼마나 기쁜 일인지요."

세상에는 모든 사람에게 볼 수 있을 만큼 많은 책이 있고 아주 싸다. 독서는 재산이 줄 수 없는 즐거움을 선사한다. 돈 문제 때문에 골치 아픈가? 지금보다 더 많은 돈을 벌고 싶은가? 그렇다면 지금 책을 펼쳐라. 미처 다 쓰지도 못할 만큼 많은 재물이 쏟아질 것이다.

이제 사람들은 교육은 평생 계속되어야 하며, 아이들을 교육할 때 단지 문법과 단어에 그칠 것이 아니라 쓰기와 읽기 훈련도 병행해야 한다는 것을 깨닫기 시작했다. 그렇다면 어른들도 인생을 돈을 좇는 데 바쳐서는 안 되며, 지식을 쌓고 마음을 갈고 닦는 데 시간을 들여야 한다.

또한 누구든 인류의 지식에 무언가를 더하도록 노력해야 한다. 자신의 인생이 아무리 보잘것없더라도 그렇게 할 수 있다. 사람들은 육체노동의 존엄성을 제대로 인식하지 못하고 있으며, 학문은 철학자나 천재들, 값비싼 장비를 살 수 있는 사람들에게는 아주 좋지만, 그들만을 위한 것으로 생각하는 듯하다. 이것은 완전히 잘못된 생각이다.

국가의 발전은 누구의 공로일까? 우리는 의심할 여지없이 현명한 군주와 정치인, 용감한 군인과 탐험가, 철학자들에게 빚을 졌다. 그러나 그들이 이룬 모든 업적에 감사하는 한편, 노동자들이 강인한 오른팔로 많은 업적을 이루었을 뿐만 아니라 두뇌를 이용해서 큰 공을 세웠다는 사실을 잊지 말아야 한다.

와트는 기계 기사였다. 제조업 분야에서 이룬 공로로 국가 총부채보다 더 큰 자산을 영국에 더해주었다고 알려진 헨리 코트는 벽돌공의 아들이었다. 주강을 발명한 헌츠먼은 가난한 시계공이었으며, 크럼프턴은 직공이었고, 웨지우드는 도예가였으며, 브린들리, 텔퍼드, 무샤, 닐슨은 모두 노동자였다. 조지 스티븐슨은 하루 2펜스를 받는 카우보이 생활을 시작해 열여

덟 살 때까지 글을 읽을 줄 몰랐다. 돌턴은 가난한 직공의 아들이었으며, 패러데이와 뉴커먼은 대장장이의 아들이었다. 아크라이트는 이발사였고, 험프리 데이비는 약제사의 조수였으며, '버밍엄의 아버지'라고 불리는 볼튼은 단추 제조업자였다. 그리고 와트는 목수의 아들이었다. 이들과 같은 사람들에게 세상은 커다란 빚을 지고 있으므로 우리는 위대한 장군이나 정치인들만큼이나 그들을 자랑스러워해야 한다.

우리는 '문명화된 국가'라는 말을 자주 하는데, 의심할 여지없이 어떤 국가는 다른 국가보다 더 문명화되어 있다. 그러나 아직 그런 이름을 붙일 만한 나라는 없다. 우리는 우리나라를 진정 '문명화된 국가'로 만들기 위해 노력해야 하며, 도서관 건립이야말로 올바른 방향으로 나아가는 첫걸음이다.

가정참정권이 통과되었을 때 셔브룩 경은 "우리가 주인을 교육해야 하지만, 그들이 스스로 교육할 수 있도록 하는 것이 훨씬 더 중요하다"고 말했다.

평생 고된 노동의 형벌을 선고받은 사람들이 많다. 그렇다고 해서 그들의 삶이 불행하거나 지루해야 하는 것은 아니다. 즐길 거리가 없고 하루하루가 비슷하다면 더더욱 좋은 책을 접해야 하며, 그런 삶은 더욱 바람직하다.

책을 위한
기도

위대한 과학자 중 한 명인 존 허셜은 말한다. "나는 모든 다양한 상황 속에서도 나를 지탱해주고, 인생에서 행복과 쾌활함의 원천이 되어주고, 모든 일이 잘못되고 세상이 나를 미워할지라도 나를 막아주는 방패가 되어줄 뭔가를 달라고 기도한다면, 독서를 즐길 수 있는 마음을 달라고 기도할 것이다. 누군가에게 선물할 때 그의 취향에 어울리는 책을 선물하라. 아주 형편없는 책을 손에 쥐여 주지 않는 한, 책은 그를 기쁘게 하는 데 거의 실패하지 않을 것이다. 책은 그를 역사상 가장 지혜롭고, 가장 재치 있고, 가장 부드럽고, 가장 용감하고, 인류를 장식한 가장 순수한 인물들과 함께하게 해줄 것이다. 그리고 그를 모든 국가의 국민이자 모든 시대의 동시대인으로 만들어준다. 세상이 그를 위해 창조된다."

책은 살아 있는 존재다. 밀턴은 말한다. "책 안에는 그 자손인 영혼이 살아 있는 것처럼 책에도 생명의 자손이 들어 있다." 위대한 작가는 절대 죽지 않는다. 영광스러운 마음이 그를 높이 들어 올리므로 그는 죽지 않는다. 뒤에 남겨진 사람들의 마음속에 살고 있으므로 그는 절대 죽지 않는다.

우르비노의 어느 공작은 그 마을에 훌륭한 도서관을 짓고 그곳의 모든 책을 진홍색으로 제본하고 은으로 장식하는 것을 원칙으로 삼았다.

책은 지난 시대의 보물이 쌓여 있는 장소다. 영국의 수필가이자 비평가 찰스 램은 저녁 식사 전에 기도하는 것보다 새 책을 읽기 전에 기도해야 한다고 말했다.

술값을 마시는 데 얼마나 많은 돈을 허비하는지 생각한다면, 책에 대한 사치를 비난할 사람은 아무도 없을 것이다. 찬장을 채우는 돈과 비교해보면 서재에 쓰는 돈은 얼마나 적은가. 사람들은 포도주 한 병 값으로 양서를 살 수 있는데도 늘 책을 사기 전에 한참을 망설인다. 퍼블릭 하우스라고 하면 흔히 술을 파는 곳만 떠올리는 것 같아 안타깝다. 그래도 요즘은 술을 마시

는 곳이 아닌 책을 볼 수 있는 '공공장소'가 늘고 있다는 사실
이 기쁘기만 하다.

독서하는 삶에 대하여

이처럼 즐거운
시간이라면

인류에게 책은 기억과 개인의 관계와 같다. 책에는 인류의 역사, 인류가 발견하고 찾아낸 것, 오랜 세월 동안 축적된 지식과 경험이 담겨 있다. 책은 자연의 경이로움과 아름다움을 보여주고, 우리가 어려움에 부딪혔을 때 도와주며, 슬픔과 고통 속에 빠졌을 때 우리를 위로하며, 지루한 시간을 즐거운 순간으로 바꿔주고, 우리 머릿속에 여러 사상을 저장해주고, 선하고 행복한 생각들을 채워주고, 우리 자신을 그 이상으로 끌어 올려준다.

동양에 전해오는 두 남자 이야기가 있다. 한 사람은 왕인데 매일 밤 거지가 되는 꿈을 꾸었고, 또 한 남자는 거지인데 매일 밤 왕이 되어 성에 사는 꿈을 꾸었다. 그중 누가 더 행복한 삶을 살았을까?

상상이 현실보다 더 생생할 때가 있다. 책을 읽을 때, 우리가 원한다면 왕이 되어 궁전에 살 뿐만 아니라 피로와 불편함을 느끼지 않고 돈을 들일 필요도 없이 산이나 해변, 그밖에 지구의 가장 아름다운 곳까지 갈 수 있다.

영국의 극작가 존 플레처는 이렇게 말했다.

내게 최고의 벗인 책이 있는 그곳은 내게 영광스러운 궁정이며, 그곳에서 나는 매시간 옛 현자와 철학자들과 대화를 나누며 때로는 변화를 위해 왕과 황제들과 의논하고 그들의 조언을 가늠해본다. 그들이 부정하게 승리를 쟁취했다면 엄격하게 꾸짖고 내 환상 속에서 잘못된 그들의 모습을 지워버린다. 그런 끊임없는 즐거움과 헤어져 변덕스러운 허영을 받아들일 수 있을까? 아니다. 부를 쌓는 것은 그대들의 관심사가 될 것이며, 지식이 늘어나는 것은 내가 원하는 일이다.

흔히 책은 친구에 비유되곤 한다. 냉혹한 죽음은 살아 있는 친구들 중에서 가장 선하고 총명한 친구를 데려간다. 그러나 책에서는 시간이 나쁜 것을 죽이고 좋은 것을 정화한다.

음유시인 또는 현인이든 책 밖으로 나오면 한 줌의 흙에 지나지 않는다. 책 안에 있을 때 그들은 무덤을 나와 천사가 된다. 그리고 우리가 걷는 길에 서서 우리와 함께 걸으며 이런저런 이야기를 들려준다. 어떤 책들은 불멸이라 일컫는다. 그것들은 살아 있을까? 그렇다면 분명히 말하건대 시간이 그것들을 완전하게 만들었다. 책 속에서는 사악한 자들이 죽음을 맞고 신은 악한 것은 더는 견디지 못하도록 만든다. 악한 것은 날아가버리고 완전한 것에서 떠난다. 먼지가 완전한 영혼에서 사라지듯.

— 불워 리턴

세상에서 누릴 수 있는 모든 것을 누렸다는 사람들도 가장 순수한 행복의 상당 부분을 책에 빚고 있다고 말한다. 영국의 교육가 로저 애스컴은 《교사론》에서 제인 그레이 부인을 마지막으로 찾아가서 경험했던 감동적인 이야기를 들려준다.

그가 찾아갔을 때 제인 그레이는 창가에 앉아 소크라테스의 죽음에 대한 플라톤의 아름다운 글을 읽고 있었다. 그녀의 아버지와 어머니는 집 근처의 사냥터에서 사냥하는 중이었다. 열린 창문을 통해 사냥개들이 짖는 소리와 부모님들의 목소리가 들려왔다. "왜 부모님과 함께 사냥하지 않으세요?"라고 묻자, 그녀는 이렇게 대답했다. "두 분이 사냥하면서 얻는 즐거움은 내가 플라톤의 이야기에서 찾아낸 즐거움에 비하면 그림자에 불과하니까요."

영국의 역사가이자 정치가인 토머스 배빙턴 맥콜리는 부와 명성, 지위와 권력을 다 가졌지만, 인생에서 가장 행복한 시간은 책을 가까이할 때였다고 자서전에서 밝혔다. 사랑스러운 어린 소녀에게 보낸 편지에서 그는 이렇게 말했다.

"아주 예쁜 편지를 받고 무척이나 기뻤단다. 나는 언제나 너를 행복하게 해주는 것이 기쁘고, 무엇보다 책을 좋아한다는 소식에 더없이 기쁘구나. 네가 나만큼 나이를 먹으면 이 세상의 어떤 과자나 케이크보다, 그 어떤 장난감이나 놀이, 풍경보다 책이 더 좋다는 것을 알게 될 것이다. 누군가 내게 궁전과 정원, 훌륭한 만찬, 포도주와 마차, 아름다운 옷과 수백 명의 신하를 거느리는 가장 위대한 왕으로 만들어줄 테니 책을 읽지 말라고 한다면 나는 왕이 되지 않겠다. 나는 책을 읽지 않는 왕보다 차라리 책이 가득 찬 다락방에 사는 가난한 사람이 되고 싶다."

그보다 더한 기쁨이
있는지요

책은 생각으로 가득 찬 황홀한 궁전이다. 장 파울 리히터는 왕좌에 앉아 바라볼 때보다 아폴로와 뮤즈가 살았다는 파르나소스 산에서 바라볼 때 더 넓게 볼 수 있다고 말했다. 거울에 비친 모습이 실제 모습보다 더 아름다운 것처럼, 때로는 책이 현실보다 더 생생한 생각을 선사한다. 스코틀랜드의 작가 조지 맥도널드는 말한다. "모든 거울은 마법의 거울이다. 아무리 평범한 방이라도 거울을 통해 보면 시 속에 나오는 방이 된다."

책이 우리에게 흥미롭지 않다고 해서 책에 잘못이 있는 것은 아니다. 독서에도 기술이 필요하다. 수동적인 독서는 아무런 쓸모도 없다. 읽은 내용을 이해하기 위해 노력하라. 누구나 읽고 쓰는 법을 안다고 생각하지만, 글을 잘 쓰거나 읽는 법을 제대로 아는 사람은 거의 없다. 단순히 글자를 따라 읽거나, 무의미하거나 기계적으로 눈을 움직이며 책장을 넘기는 것만으로는 충분하지 않으며, 묘사된 장면과 언급된 등장인물들을 '상상의 미술관'에서 그려볼 수 있어야 한다.

애스컴은 말한다. "경험이 이십 년 동안 가르치는 것보다 더 많은 내용을 학문은 일 년 안에 가르친다. 경험은 사람들을 지혜롭게 만들기보다 비참하게 만들지만, 학문은 안전하게 가르친다. 경험을 통해 지혜로워지려면 위험을 감수해야 한다. 여러 번 난파 사고를 겪은 뒤에 노련해진 선장은 불행한 선장이며, 몇 차례 파산을 겪은 후에도 부유해지거나 현명해지지도 못한 상인은 비참한 상인이다. 경험으로 지혜를 얻으려면 치러야 하는 대가가 크다. 우리는 오랜 방황 끝에 지름길을 찾아내는 것조차 엄청난 고통이 따른다는 것을 경험으로 알고 있다. 경험을 통해 현명해지고자 하는 사람은 똑똑한 사람일지 모르지만, 한밤중에 경로를 이탈해 전속력으로 달리는 선수처럼 어디로 가고 있는지 알지 못한다. 배우지 않고 경험만으로 행복해지거나 지혜로워지는 사람은 드물다. 늙었든 젊었든 배우지 않고 오랜 경험만으로 약간의 지혜와 행복을 얻은 사람들의 지난 생애를 잘 살펴보라. 그들이 어떤 잘못을 저질렀으며 어떤 위험을 모면했는지 살펴보고, 당신의 자녀들이 그런 경험으로 지혜와 행복을 얻게 하고 싶은지 잘 생각해보라."

책을 선택하는 것은 친구를 선택할 때와 마찬가지로 신중해야 한다. 자신의 행동에 책임을 지는 것처럼 독서에도 책임을 져야 한다. 밀턴의 고귀한 표현을 빌리자면, "좋은 책은 현재의 삶을 뛰어넘어 오래 간직하고 소중히 새겨야 할 위대한 사람의 고귀한 피다."

러스킨은 여성 교육에 관한 그의 논문에서 이렇게 말했다. "여성들의 도서 목록이 천박한 어리석음으로 가득 찬 삼류소설로 채워지지 않도록 해야 한다."

책에서 유익함뿐만 아니라 즐거움까지 최대한 얻고 싶다면 재미보다는 자신을 발전시키는 책을 읽어라. 설탕이 특히 아이들에게 중요한 음식인 것처럼 가볍고 재미있는 책도 나름대로 가치가 있다. 그러나 설탕만으로는 살 수 없는 법이다.

아울러 도저히 책이라고 할 수 없으며 읽은들 시간 낭비에 불과한 책들이 있다. 내용이 너무 형편없어서 읽다 보면 우리 자신마저 오염시키는 책들도 있다. 만약 그 책이 인간이었다면 당장 발로 차 거리로 내쫓아버렸을 것이다. 삶의 유혹과 위험을 경고한다고 해도, 우리를 악에 익숙해지게 하는 책이라면 그 자체로 악이다.

다행히 누가 읽더라도 유익한 책이 많이 있다. 유익한 책이란 일에 도움을 주는 책만을 의미하는 것이 아니다. 그런 책도 의심할 여지없이 유익하겠지만, 그것이 책에서 얻을 수 있는 가치의 전부는 아니다. 훌륭한 책은 개인적인 욕심을 하찮게 만들고, 세상의 걱정과 고통을 잊게 하는 무념의 영역으로 우리를 이끈다. 그런 시간을 방해하는 것은 잔인한 일이다.

독서를 방해하는 행위에 대해 해머튼은 이런 글을 남겼다. "어떤 독자가 자신과는 전혀 다른 시대와 문화에 속한 작가가 쓴 책에 완전히 몰두해 있다고 가정해보자. 그가 플라톤의 《소크라테스의 변명》을 읽으면서 책 속의 모든 장면을 그림처럼 눈앞에 펼쳐 본다고 가정하는 것이다. 500명의 배심원, 완벽한 그리스식 건축, 호기심으로 지켜보는 아테네 시민들, 추악한 멜리티우스, 시기하는 적들, 그리고 우리에게 소중하고 불멸의 이름으로 남은 슬픔에 빠진 이들이 있다. 그 한가운데에는 초라한 옷을 걸친 한 인물이 서 있다. 겨울이나 여름 내내 헌 옷을 걸치고 다니고 행색은 볼품없지만, 그는 누구도 흉내낼 수 없을 만큼 용감하고 침착한 모습이다. 그가 단호한 목소리로 말한다.

'그 사람은 내가 죽어 마땅하다고 생각하고 있습니다. 그렇습니다. 좋습니다." 소크라테스가 프리타네움에서 자신에게 유죄를 선고하는 명문장들을 읽기 시작한다. 만일 아무 방해도 받지 않고 그 문장을 끝까지 읽을 수만 있다면 지적 노력의 보상이라 할 고귀한 기쁨을 잠시나마 맛볼 것이다."

유익하고 재미있는 책을 한 시간 동안 읽는다면 반드시 더 향상되고 더 행복해진 자신을 발견할 것이다. 그 기억은 책을 읽는 순간이 지나도 오래도록 남아, 언제든 원할 때 꺼내볼 수 있는 밝고 행복한 생각의 저장고가 될 것이다. 우리는 책을 읽으면서 그 안의 환영까지 우리 앞에 떠올린다. 그 환영들은 우리보다 고결하지만 우리와 같은 피를 나누며, 잠자리에서도 식탁에서도 아름다운 모습과 선한 말로 우리를 지배한다.

우리나라 문학은 우리나라의 위대한 유산이다. 우리는 많은 시인과 철학자, 과학자를 배출해왔고 지금도 배출하고 있다. 더구나 어떤 시대도 지금보다 풍요로운 경제와 예술, 그리고 더 찬란하고 순수하고 고귀한 문학을 자랑하지 못한다. 이것이 우리의 진정한 자랑이자 영광이며, 이보다 더 감사할 일은 없다.

누가 믿음을 갈라놓는가

말로 표현할 수
없는

"사람들은 마음의 평화를 위해 같은 종교를 갖는다고 말한다. 그러나 자세히 들여다보면 같은 종교를 가진 세 사람은 어디에서도 거의 찾을 수 없다."

영국의 법학자이며 정치가였던 셀던의 이 말은 극단적이기는 하지만 의심할 바 없이 사실이다. 우리가 사는 이 세상에 대해서도 아는 것이 거의 없는데 어떻게 다른 세상에 대해 더 잘 알기를 바라겠는가.

영국의 성직자 카논 리든은 말한다. "우리가 지금 이 존재로 살아가는 이 멋진 세상은 더 높은 믿음의 세상이 우리 앞에 열려 있거나 그렇지 않더라도 경이로운 신비로 가득한 성전이다.

오후에 시골길을 걸어보라. 여기저기 돋아나는 새싹과 막 피어난 연둣빛 이파리가 이미 봄이 우리 곁에 성큼 다가와 연례행사처럼 아름다운 광경을 뽐내려 한다는 것을 알려줄 것이다. 당신이 볼 수도, 만질 수도, 정의하거나 판단할 수도, 이해할 수도 없는 신비로운 힘의 존재와 움직임의 증거를 어느 곳에서도 볼 수 있다. 그 힘은 소리를 내지 않고 눈에 보이지도 않지만 활기차게 당신 머리 위의 모든 나뭇가지와 발밑의 모든 풀잎마다 살고 있다."

의심은 철학의 근간이다. 우리는 신비로움으로 가득한 세계에 살고 있다. 가장 소박한 꽃이나 가장 작은 곤충조차 설명할 수 없는 우리가 어떻게 무한한 존재와 세상을 이해할 수 있을까. "우리는 인정한다." 영국의 목사이자 철학자인 제임스 마티노 박사는 말한다. "공간과 침묵이 그분의 속성이라는 것을 우리는 인정한다. 저녁 이슬이 한낮의 먼지를 덮으면 사소한 근심으로 세상은 명상으로 빠져든다. 지구가 별이 빛나는 하늘 아래 사막처럼 잠들 때, 말로 표현할 수 없는 존재가 다시 우리를 감싸면서 거친 바람으로 우리를 놀라게 하고, 천상의 태곳적 빛들이 우리 눈을 응시한다."

존 스튜어트 밀은 《종교의 효용》에서 이렇게 말한다. "인간이라는 존재는 신비로움으로 가득 차 있으며, 인간이 경험하는 좁은 영역은 무한한 바다 한가운데에 있는 작은 섬에 불과하다. 넓은 바다는 그 광대함과 모호함으로 우리를 일깨우고 상상력을 자극한다."

우리가 신비로움에 무지하거나 지금 당장 판단할 수 없더라도 희망을 잃을 필요는 없다.

우리는 이 생이 희미할 때나 새벽이든 황혼이든, 낮이든 밤이든 이 생을 이루는 모든 것은 위대한 계획의 일부분이며 저마다 하나의 실로 이어져 있다. 그것은 끊어지지 않고 다시 이어져 완성된 전체로 엮어질 것이다.

– 밸리온

우리는 설명할 수 없는 많은 것을 느낀다. 이것은 신학에만 국한된 것이 아니다. 성 아우구스티누스는 이렇게 말한다. "만일 당신이 내게 시간이 무엇이냐고 묻는다면 나는 대답할 수가 없다. 그러나 당신이 묻지만 않는다면 나는 그 답을 이미 잘 알고 있다."

관념, 형식, 논리, 이름. 이 모든 말의 투쟁에 지칠 때 길이요 진리요 생명이신 당신께 나의 단순한 마음을 물들이는 당신의 사랑, 신성한 가르침. 그리고 마침내 나는 당신과 함께 살고 죽으리라.

– 웨슬리

제임스 마티노 박사는 말한다. "하느님이 누구이고 무엇을 주재하는지 훤히 알고 있다고 말하는 사람들이 있다. 그들은 모든 일에서 하느님의 동기와 계획을 아는 것처럼 말한다. 만물의 이유를 주저함 없이 말하고 무슨 일이든 그 안에 깃든 하느님의 자비로운 은총을 설명한다. 그들은 하느님의 영원한 경륜이 얼마나 뛰어난지 찬양하고, 그것을 가장 독창적인 걸작이라고 칭송한다. 그러나 그들의 확신은 오히려 나를 끝없는 의심의 고통으로 몰아넣고, 내게 '덜 구하라. 그리하면 내가 너희에게 모두 주겠다'고 외치도록 강요한다."

딘 스탠리 학장은 자기 인생의 가장 큰 목표 중 하나가 "이 시대의 믿음과 의심 사이의 충돌을 없애고, '우리를 향한 도움이 시작되는 언덕'에 사람들의 시선을 고정할 수 있는 어떤 일을 하는 것"이라고 했다.

한편, 허버트 스펜서는 말한다. "생각하면 할수록 더 모호해지는 온갖 신비로운 일 중에서도 단 한 가지 분명한 사실이 있다. 인간은 하느님 안에서 존재하며, 하느님의 무한한 능력에서 만물이 시작된다는 것이 그것이다."

우리는 명확히 설명하지 못하지만 느끼는 것으로도 충분히 만족할 수 있다.

누가 믿음을
갈라놓는가

인간을 여러 무리로 나누는 것은 종교라기보다는 파벌이다. 그들은 사도 바울의 경고를 무시한 채 여전히 "나는 바울파 사람이고, 당신은 아볼로파 사람이다"라고 말한다.

제레미 테일러는 말한다. "하느님의 왕국은 말로 이루어지는 것이 아니라 능력, 즉 믿음의 힘으로 이루어진다. 지금 우리는 모든 종교를 신념으로 바꾸어버렸고, 신념은 이해관계나 다툼의 산물로 여기고 있다. 신념은 파벌을 고집하며 그 외의 다른 세상과는 대립한다. 어떤 종교를 가졌느냐고 물었을 때, 그것을 어떤 종파에 속해 있느냐로 받아들이는 사람이 있는가? 그는 자신의 종파의 이익을 위해 열심히 하겠지만, 달리 보면 무덤처럼 탐욕스럽고, 모세를 반역한 다단처럼 당파적이며, 모세의 권위에 반역한 고라처럼 분열을 꾀하고, 타락한 천사처럼 교만한 사람이다."

흔히 과학자들에게 신앙심이 부족하다고 비난한다. 그러나 소로는 말한다. "사실 과학에는 종교보다 더 많은 종교가 있다." 과학자가 의심하는 것은 경멸이 아니라 경외의 표현이며 멸시가 아니라 존중의 표현이다. 영국의 계관시인 테니슨은 말했다.

신념에서는 혼란스러웠지만 행동은 순수했으니
마침내 그는 갈등에서 이겼다네.
반쪽짜리 불완전한 신조보다 정직한 의심 안에
더 깊은 믿음이 존재하느니.

이와 관련해 대표적인 두 사람의 말을 인용하겠다. 영국의 물리학자인 틴들 교수는 말한다. "내가 우주에 나타난 힘을 객관적으로 설명하려 할 때, 그것은 언제나 지적인 조종을 거부하며 내게서 멀어진다. 나는 그 힘에 대해 감히 '그'라는 말을 사용할 수 없고, 그것을 '마음'이라 부를 수도 없다. 심지어 '이상'

이라고 부르지도 않겠다. 그 힘의 신비로움은 나를 압도한다."

가장 위대한 사상가 중 한 명인 헉슬리 교수는 불가지론자이며 일반적인 의미에서 종교 단체와 아무런 관련이 없다. 그러나 그는 이렇게 말한다. "영국 국교회의 존재는 영국에 축복이다. 교회는 추상적인 신학 이론을 되풀이하는 곳이 아니라, 인간의 마음에 진실하고 정의롭고 순수한 삶의 이상을 제시하는 곳이어야 한다. 그리고 교회는 일상적인 걱정으로 지친 사람들이 찾아와서 자신이 받고 싶어 하는 보상이 평화나 자비와 비교하면 얼마나 하찮은지 생각할 시간을 갖는 곳이어야 한다. 그런 교회가 존재한다면 아무도 그 교회를 무너뜨리려 하지 않을 것이다."

이것은 아널드와 모리스, 킹슬리, 스탠리, 조엣이 말하는 교회에도 크게 벗어나지 않는다. 영국 교회는 점차 이런 이상에 다가가고 있으며, 그럴수록 더 강해질 것이다.

설명하거나 이해할 수
없지만

신학자들은 사람들이 이해할 수 있는 언어로 자기 생각을 설명하려고 애쓰는데, 그들의 말을 우리가 있는 그대로 받아들일 수 있기를 기대하는 것은 그들에게 불의를 행하는 것이다. 시인들이 '해돋이'라고 말한다고 해서 그들이 천문학에 무지하다고 비난할 수 없으며, 셰익스피어나 테니슨이 움직이는 것은 태양이 아니라 지구라고 주장한다고 해서 그를 '신성 모독'으로 비난할 수 없다. 과학의 발견에도 고유한 언어가 필요하며, 새로 만든 말을 사용하지 않고는 꽃이나 돌조차 정확하게 묘사할 수 없다. 그런 인간의 언어로 조물주를 이해하는 것은 불가능할 것이다. 한때 고대의 작가들은 악마의 대리인이라고도 불렸지만,

지금에 와서 보면 그것은 우리가 흔히 알고 있는 신경증 때문일지도 모른다.

설명할 수도 이해할 수도 없는 것을 믿기는 어렵다. 충분한 증거가 없는 사실을 믿거나, 이해하지 못하는 것을 믿어야 한다고 자신을 설득하는 것 역시 어렵다. 충분한 증거가 없다는 것을 알면서도 뭔가를 믿기란 불가능하다. 달리 말해, 충분한 증거가 있을 때는 그것을 믿고, 그렇지 못할 때는 판단을 유보해야 한다. 많은 사람이 어떤 말을 믿거나 믿지 않거나 둘 중 하나를 결정해야 한다고 생각하는 것 같다. 그러나 많은 경우 우리는 믿거나 믿지 말아야 할 근거가 충분하지 않을 때가 많다.

진정한 믿음은 단순한 지적 활동이 아니다. 우리에게 필요한 믿음은 살아 있는 믿음이며, 행동이 없는 믿음은 죽은 믿음이다. 셸던은 《탁상 담화》에서 믿음과 행동을 빛과 열에 비유한다. "내 지성으로는 두 가지를 분리하지만, 촛불을 끄면 빛과 열 모두 사라진다."

〈히브리서〉 11장에서도 믿음과 행동을 언급한다. 아벨은 믿음으로 제물을 바쳤고, 노아는 믿음으로 방주를 지었으며, 아브라함은 믿음으로 집을 떠났다. 그들 모두 자신이 믿고 행한 일에 충분한 이유가 있었다. 그들은 고통스럽고 힘든 의무에 직면

하면서도 물러서지 않고 자신이 옳다고 믿는 바를 충실히 실천했기 때문에 칭송받았다. 결코 쉬운 일은 아니지만, 우리가 반드시 해야 할 일 중 하나는 증거가 충분하지 않을 때 판단을 보류하는 것이다. 미덕은 아니더라도 의심은 분명 의무일 경우가 많다.

베일이 서서히 걷히고 있다. 그러므로 알 수 없는 무수한 문제의 해답을 찾으려 애쓰지 말고 있는 그대로 만족하라.

러스킨은 말한다. "인간의 행복은 불완전한 지식일지라도 거기에 만족하는 것이다. 우리의 모든 기쁨과 활기찬 행동의 힘은 구름 속에서 숨 쉬고 살 수 있는 능력, 구름 속에서 한 곳은 열려 있고 다른 곳은 닫혀 있음을 알고 가는 틈새 사이로 분명하고 확실한 것을 엿보는 것을 기뻐하고 그러면서도 여전히 모습을 드러내지 않는 것의 고귀함을 인정하며, 우리가 무자비한 빛에 지치지 않도록, 무한한 계속되는 빛에 질리지 않도록 친절한 베일이 펼쳐져 있음에 기뻐하는 데 달렸다."

헉슬리 교수는 《과학과 기독교 전통》에서 이렇게 말한다. "기독교의 밝은 면을 말할 때, 강인하고 인내심이 있으며, 정의롭고 인간의 나약함을 측은히 여기고, 극단의 자기희생으로 사람들에게 도움을 주고, 도덕적으로 순수하고 고귀한 이상적인 모습을 떠올린다. 이는 사도들이 보여준 모습이었고, 수많은 순교자가 흔들리지 않는 신념으로 지키려 했던 모습이다. 그러므로 비천한 시에나의 성녀 카타리나가 교황과 왕을 비난했지만, 그 때문에 인류 역사의 한 부분으로서 기독교 신앙의 중요성이 과소평가되지 않는다."

〈마가복음〉에는 한 서기관이 예수에게 와서 모든 계명 중에 가장 중요한 계명이 무엇이냐고 묻는 장면이 나온다. "예수께서 대답하시되 첫째는 이것이니 이스라엘아 들으라. 주 곧 우리 하나님은 유일한 주시라. 또 마음을 다하고 목숨을 다하고 뜻을 다하고 힘을 다하여 주 너의 하나님을 사랑하라 하신 것이요. 둘째는 이것이니 네 이웃을 네 자신과 같이 사랑하라 하신 것이라. 이보다 더 큰 계명이 없느니라. 서기관이 이르되 선생님이여, 옳소이다. 하나님은 한 분이시오 그 외에 다른 이가 없다 하신 말씀이 참이니이다. 또 마음을 다하고 지혜를 다하고 힘을 다하여 하나님을 사랑하는 것과 또 이웃을 자기 자신과 같이 사랑하는 것이 전체로 드리는 모든 번제물과 기타 제물보다 나으니이다. 예수께서 그가 지혜 있게 대답함을 보시고 이르시되 네가 하나님의 나라에서 멀지 않도다 하시니 그 후에 감히 묻는 자가 없더라."

인격으로 우러나오는 삶

우리를 진정
구원하는 것

   성공이라는 세속적인 관점에서만 보더라도 훌륭한 인격과 성실함이 영리함보다 더 큰 역할을 한다. 물론 성공이라는 면에서만 인격의 중요성을 강조하려는 것은 아니지만, 그렇다고 틀린 말은 아니다. 아는 것보다 올바르게 행동하는 것이 더 중요하며, 선한 사람이 되거나 부유하고 행복한 사람이 되기를 바란다면 나아갈 길은 언제나 같다. 황금빛 행동은 황금빛 나날을 만든다.

   인생의 가치는 그 도덕적 가치로 평가받는다. 키블은 말한다. "결심했다면, 마땅히 해야 할 일을 기다리거나 주저하지 말라. 그렇게만 한다면 타당하게 받을 수 있는 모든 은혜와 축복의 열

쇠를 언게 될 것이다.”

자신에게 주어진 의무를 등한시하거나 회피한다면 행복을 누릴 수 없다. 선하고 지혜로운 사람의 인격은 다음과 같다.

그는 남자답지 못한 두려움과 타협하지 않으며
의무가 명령하는 곳에서는 자신 있게 나아가며
의무가 요구하는 수천 가지 위험에 맞서며
신을 향한 믿음으로 모든 것을 이겨낸다.

– 워즈워스

인생의 진정한 성공에 무엇이 필요할까? 블랙키는 말한다. “필요한 것은 단 한 가지뿐이다. 돈도, 권력도, 영리함도, 명성도, 자유도, 심지어 건강도 필요하지 않다. 오직 인격, 즉 철저히 쌓아 완성된 인격만이 우리를 진정으로 구원할 수 있다. 인격으로 구원받지 못한다면 저주를 받아도 마땅하다.”

인격은 스스로 선택하고 만드는 것이다. 우리가 모두 시인이나 음악가, 화가나 과학자가 될 수는 없다. 고대 로마의 황제 마르쿠스 아우렐리우스는 말한다. “천성적으로 많은 재능을 타고나지 못했다고 해도 하고자 하는 의지만 있다면 성실, 진지함,

근면, 검소, 자비, 정직, 검약, 대범한 관대함 등 당신의 능력 안에 있는 자질들을 보여주어라. 이 품성을 당장 보여줄 수 있는데도 남들보다 무능하고 부족하다고 생각하면서 자신을 비하하는가? 선천적으로 결함이 있다고 여기면서 불평하고, 비열하게 행동하고, 아첨하고, 신체 조건을 탓하고, 남의 비위를 맞추고, 과시하고, 불안해하는가? 아니다. 당신은 오래전부터 그런 일에서 벗어날 수 있었다. 이해력이 둔하더라도 그 사실을 외면하거나 둔함을 즐기지 말라."

훗날 부끄러워할 만한 일은 절대 하지 말라. 당신에게 가장 중요한 한 가지 의견이 있는데, 그것은 바로 당신 자신의 의견이다. 세네카는 말한다. "부끄러울 것 없는 양심은 끊임없이 계속되는 향연이다."

프랭클린은 우리에게 유익한 조언을 많이 남겨주었지만, 다음에 소개하는 이야기에는 동의하기 어렵다. 그는 미덕을 간단명료하게 요약한 후 이렇게 말했다. "나는 이 모든 미덕을 습관으로 익히려고 하는데, 모든 것을 한꺼번에 시도하면서 주의력을 분산시키기보다는 한 번에 하나씩 고치는 것이 낫다고 판단했다. 하나를 완전히 습득한 뒤에 다음 것으로 넘어갈 것이며 그렇게 해서 절제, 침묵, 질서, 결단, 검소, 근면, 성실, 정의, 중용, 청결, 평정, 정숙, 겸손 등 열세 가지 미덕을 내 것으로 만들 것이다." 그가 정말로 그 미덕들을 실제로 행동으로 옮겼을지는 의문이다. 왜냐하면 "당신이 사탄 하나를 집에 데리고 오면 모든 친척이 따라오기 때문이다."

월슨 주교는 말한다. "가난한 사람에게 돈을 주면서 술집에 가서 쓰든지, 도박하든지, 쓸데없는 장난감을 사는 데 쓰라고 하면 우리는 얼마나 놀라겠는가. 다른 사람에게 시키면 웃음거리밖에 되지 않는 그런 짓을 왜 당신이 직접 하려고 하는가?"

고귀함은 늘 위에 있다

아래를 내려다보지 말고, 위를 올려다보라. 비콘스필드 경으로 봉해진 영국의 정치가인 벤저민 디즈레일리는 이렇게 말한다. "올려다보지 않는 사람은 결국 내려다보게 될 것이요, 하늘 높이 날아오르려 하지 않는 영혼은 결국 땅을 기어다니게 될 것이다."

명성이란 공허한 이름에 불과하다고 누가 가볍게 말할 수 있겠는가! 그 말은 매력이 넘치고 용기를 북돋우고 가슴이 뜨거워진다. 지난 세대의 위인들을 생각하면서 젊은이들이 자리에서 일어나고 두 손을 번쩍 들어 경의를 표하며 그들처럼 고귀하게 살아가리라 소망한다.

– 조안나 베일리

존재의 실체를 들여다본 사람이라면 평범한 야망은 누구에게나 눈에 띄지 않는다는 것을 알고 있다. 실제로 위대한 위인들인 셰익스피어나 밀턴, 뉴턴과 다윈은 정부가 수여한 훈장이나 직위 때문에 이름을 얻은 것이 아니다.

세속적인 공명심의 큰 결함은 절대 만족할 줄 모른다는 것이다. 산을 오를 때처럼 힘겹게 한 정상에 도달하자마자 눈앞에 있는 또 다른 봉우리를 찾게 되는 것과 같은 이치다. 위대한 정복자라고 불리는 알렉산더와 나폴레옹조차 현재의 결과에 만족했던 적이 없다. 그릇된 야망의 희생양이 된 그들은 쉴 수도 감사할 수 없었다. 베이컨은 말한다. "앞으로 나아가는 데 익숙한 사람이 멈추면, 스스로 실망하면서 자신의 원래 모습에서 멀어진다."

"영광스러운 삶의 한 시간은 이름 없는 평생보다 값지다"고 한 어느 시인의 말은 너무 지나치다. 이기적인 야망은 유언장이나 사람의 눈을 홀리는 도깨비불과 같다.

이것은 영광스러운 속임수

재능 있는 소년의 방을 찾아

초라한 창문을 열고 들어가네.

얇은 벽이 점점 더 넓어지면서 왕궁이 되고

지붕은 하늘로 뻗어가며

보이지 않는 손가락이

천장에 화려한 문장을 새기고

그 위에 빛나는 글씨로 소년의 이름을 쓰네.

그 보상은 무엇일까? 기껏해야 이름뿐.

찬양이라도 귀가 무뎌져 잘 들리지 않으면 무슨 소용인가.

황금이라도 기쁘게 해줄 사람이 없으면 무슨 소용인가.

왕관이라도 백발이 되면 무슨 소용인가.

명성이라도 기쁘게 뛰어야 할 심장이 멈춘다면 다 무슨 소용

인가.

우리가 원하는 것은 사랑뿐이라네.

죽음이 우리 곁에 다가오고

이 값없는 선물조차 필요 없다는 것을 알기도 전에

죽음은 우리를 발가벗긴 채 무덤으로 데리고 가네.

– 나다니엘 파커 윌리스

지위 하나만으로 무엇을 할 수 있을까? 프랑스의 여왕이자 프랑스 섭정, 프랑스 왕, 스페인 왕비, 영국 왕비, 사보이 공작부인의 어머니였던 마리 드 메디시스는 왕이 된 모든 자녀에게 버림받았고, 자녀들은 그녀가 자신의 나라에 발을 디디지 못하게 했다. 결국 그녀는 10년 간의 박해 끝에 쾰른에서 굶주림으로 비참한 죽음을 맞았다.

모든 왕관은 크든 작든 가시관이라 할 수 있다. 왕관을 쓴 사람이 선하고 양심적일수록 그에게 지워진 권력이라는 짐은 더 무겁게 그를 짓누른다. 단 한 번의 잘못된 판단이 수천 명을 불행에 빠뜨릴 수 있어서 항상 노심초사하지 않을 수 없다.

중요한 것은 지금 하는
그것뿐

아무리 느리다고 해도 진보한다면 인생이 흥미롭고, 진보하지 않으면 그 인생은 늘 지루할 뿐이다.

모두가 기꺼이 열망하는 시간이 있다. 그 시간은 그들을 더 높은 곳으로 인도해준다. 음악과 시와 자연이 가져다주는 기쁨의 시간이다.

— 트렌치

인간은 성장하는 존재이며 제자리에 멈춰 있어서는 안 된다. 그러나 무언가를 열망할 때는 목적뿐만 아니라 수단도 정당해야 한다. 부정한 방법으로 얻은 성공은 실제로 성공이 아니라 타락이다. 우리 대부분은 멈춰 있는 것이 아니라 앞으로 나아가거나 죽거나 둘 중 하나다.

그렇다면 본성의 두 가지 요소를 어떻게 조화시킬 수 있을까? 우리의 야망은 우리의 진정한 왕국인 우리 자신을 다스리는 것이어야 한다. 진정한 진보는 더 많이 알고, 더 나은 사람이 되고, 더 많이 행하는 것이다. 한 걸음 한 걸음 나아갈 때마다 더 위험해지는 것이 아니라 더 안전해진다. 인간이 품을 수 있는 첫 번째이자 가장 숭고한 야망은 자신의 본분을 지키는 것이다.

웰링턴 공작의 공문서에는 '영광'이라는 단어가 한 번도 등장하지 않는 대신 그가 평생 좌우명으로 삼은 것은 '의무'였다.

야망을 없애지 말라. 그 대신 당신의 야망이 성인과 현명한 사람의 야망이 되도록 하라.

당신이 부자든 가난하든, 귀족이든 농부든 백 년 뒤에는 무슨 차이가 있겠는가. 당신이 옳은 일을 했는지 그른 일을 했는지가 중요할 뿐이다.

러스킨은 말한다. "우리가 생각하는 것, 우리가 아는 것, 우리가 믿는 것은 중요하지 않다. 중요한 것은 우리가 무엇을 했느냐다."

그러나 지혜는 어디서 얻으며 명철이 있는 곳은 어디인고. 그 길을 사람이 알지 못하나니 사람 사는 땅에서는 찾을 수 없구나. 깊은 물이 이르기를 내 속에 있지 아니하다 하며 바다가 이르기를 나와 함께 있지 아니하다 하느니라. 순금으로 바꿀 수 없고 은을 달아도 그 값을 당하지 못하리니. 진주와 벽옥으로도 비길 수 없나니 지혜의 값은 산호보다 귀하구나.

또 사람에게 말씀하셨도다. 보라. 주를 경외함이 지혜요, 악을 떠남이 명철이니라.

– 〈욥기〉 28장 12~28절

자신에게
진실하라

정직하고 진실하라. 장 파울 리히터는 말한다. "이 세상 최초의 범죄는 악마가 선악과에서 저지른 범죄로, 그것은 바로 거짓말이었다." 정직은 최상의 방책이자 유일한 방책이다.

속이는 저울은 여호와께서 미워하시나 공평한 추는 그가 기뻐하시느니라.

– 〈잠언〉 11장 1절

영국의 시인인 제프리 초서는 "진실은 인간이 지킬 수 있는 가장 고귀한 것"이라고 말했다. 영국의 정치가 클레런던 백작은 같은 시대의 정치가였던 포클랜드를 이렇게 묘사했다. "그는 진리를 아주 엄격하게 숭배했기 때문에 도둑질하지 못하듯이 남을 속이지 않았다."

진리에서 멀어지는 것은 자신이 신을 경멸하고 사람을 두려워한다고 고백하는 것과 같다.

— 플루타르크

잘못을 저질렀다면 부끄러워해야 하지만, 잘못을 인정하는 것을 부끄러워하지는 말라. 독일의 철학자 막스 뮐러는 말한다. "인간을 인간답게 만들고, 그가 살아가면서 해야 할 일을 할 수 있도록 만드는 자질은 수없이 많다. 그러나 한 가지 필수적인 자질이 있다. 그것 없이는 진정한 인간이 될 수 없으며, 그것 없이는 위대한 삶을 살 수도 없고, 그것이 없으면 진정으로 위대한 일을 이룰 수 없다. 그것은 진실, 우리 내면의 진실이다. 진정 위대하고 선한 사람들을 보라. 우리는 왜 그들을 위대하고 훌륭하다고 칭하는가? 그들은 자신에게 진실하고 본래 자신의 모습이 될 수 있는 용기를 가졌기 때문이다."

무엇보다 자기 자신에게 진실하라. 그러면 밤이 가고 낮이 오듯 다른 사람에게도 진실해질 것이다.

– 셰익스피어

워즈워스는 말한다. "서로 모순적으로 보이는 두 가지, 즉 남자다운 순종과 남자다운 자립은 반드시 함께 가야 한다." 순종하는 법을 배우면 명령하는 법을 알게 된다. 훈련은 몸과 마음을 단련하는 좋은 방법이다. 그리고 나쁜 병사는 결코 훌륭한 장군이 될 수 없다.

교만은 패망의 선봉이요 거만한 마음은 넘어짐의 앞잡이니라.

– 〈잠언〉 16장 18절

인내로써
나아가라

우리는 흔히 격정을 활동과, 인내를 우유부단함과 혼동한다. 그러나 이는 착각이다. 인내에는 힘이 필요하지만, 격정은 허약하고 자제심이 부족하다는 증거다. 당신이 권위를 가진 자리에 있다면 공평하고 예의 바르게 행동하라. 페르시아의 시인 사디는 이런 이야기를 들려준다. 옛날에 동양의 한 왕이 무고한 사람에게 사형선고를 내리자 그 죄 없는 사람이 이렇게 말했다고 한다. "왕이시여, 자신을 아끼소서. 저는 잠시 고통을 겪을 뿐이지만, 죄책감은 전하께 영원히 남을 것입니다."

권력에는 책임이 따른다. 그러므로 어떤 경우에도 하고 싶은 것이 아니라 해야 할 일을 생각하라. 이것만이 행복으로 가는 유일하고 참된 길이다.

두 가지 의무 중 무엇을 택할지 확신할 수 없을 때는 가장 가까운 것부터 하라. 종종 훌륭한 사람들이 자기도 모르는 사람들을 위한다는 명목으로 자기 가족을 소홀히 하기도 하지만, 자선이 그렇듯이 동정도 가정에서 시작되어야 한다.

이 세상의 모든 것은 정의를 따른다. 이 사실은 쉽게 알 수 있다. 우리는 죄를 지었으면 벌을 받아야 한다고 말한다. 그런데 누가 우리를 벌하는가? 우리는 우리 스스로 벌한다. 이 세상은 선이 기쁨을 가져오고 악이 슬픔을 가져오게 되어 있다. 죄를 짓고도 고통을 받지 않으려 하는 것은 자연의 법칙을 거스르는 것이다.

죄가 용서받았다고 해서 벌을 받지 않는다는 뜻은 아니다. 이는 불가능할 뿐만 아니라 불행한 일이 될 것이다. 죄를 짓고도 성공을 누리고 사는 것보다 불행한 삶은 없다. 당신이 잘못을 저지르면 과거의 기억이 미래에 당신을 괴롭힐 것이다. 당신이 상처를 준 사람은 당신을 용서할 수 있지만, 그렇게 함으로써 당신의 머리에는 불덩이가 올라앉는다. 피해자의 너그러움은 당신의 잘못을 더 추하게 만든다.

행동은 곧 인생이다. 긴 안목에서 보았을 때 행복과 성공은 행동에 달렸다. 우리를 둘러싸고 있는 것이 무엇이냐가 중요한 것이 아니라 우리가 무엇을 생각하고 행동하느냐가 중요하다. 날마다 자신을 들여다보라. 습관은 제2의 천성이다. 행동이라는 씨를 뿌리면 습관을 수확할 것이고, 습관이라는 씨를 뿌리면 인격을 수확할 것이며, 인격이라는 씨를 뿌리면 인생을 수확할 것이다. 어떤 방향으로 자라는지 밤마다 자신에게 물어보라.

에머슨은 말한다. "인간은 선을 행하는 사람과 악을 행하는 사람 두 부류로 나뉜다." 만일 당신이 후자에 속한다면 친구를 적으로, 기억을 고통으로, 인생을 슬픔으로, 세상을 감옥으로, 죽음을 공포로 만들 것이다. 반면에 당신이 누군가에게 밝고 선한 생각을 심어주거나 한 시간이라도 행복을 심어줄 수 있다면, 당신은 천사와 같은 일을 한 것이다.

매일 한 시간, 아니 30분 동안이라도 평온하게 명상의 시간을 가져라. 시간이 없다는 말은 어리석은 하소연에 불과하다. 영국의 정치가 로버트 필은 하원에서 아무리 늦게 귀가해도 성경책 한 장을 읽고 잠자리에 들었다.

무엇이 좋은 일인지 살펴보라. 그러면 악한 일을 행하지 않을 것이다.

죽음과 심판, 천국과 지옥을 자주 생각하는 사람은 반드시 훌륭하게 행동하게 된다.

- 롤리 경

그리고 그 보상은 크다.

내 아들아, 나의 법을 잊어버리지 말고 네 마음으로 나의 명령을 지키라. 그리하면 그것이 네가 장수하여 많은 해를 누리게 하며 평강을 더하게 하리라.

- 〈잠언〉 3장 1~2절

이는 내 마음의 즐거움이
됨이니이다

해야 할 일을 미루지 말라. 젊음을 핑계 삼지 말라. 마르
그리트 드 발루아는 말한다. "우리는 모두 뼈에 살이 더는
남지 않을 때야 비로소 완벽하게 고결해질 것이다."

너는 청년의 때에 너의 창조주를 기억하라.

− 〈전도서〉 12장 1절

원하는 모습으로 죽기를 원한다면 선하게 살아야 한다. 선
한 사람에게는 죽음이 두렵지 않다. 덜월 주교는 임종의 병
상에서 "잠은 죽음의 형제이므로 잠과 같은 죽음이나 죽음

과 같은 잠에서 당신을 깨울 신의 보살핌에 자신을 맡겨라"라는 말을 일곱 개 언어로 번역하는 데 몰두했다.

키케로는 소크라테스가 자신을 고발한 사람들 앞에 섰을 때 "사형선고를 받은 사람이 아닌 천국에 올라가는 사람처럼 말했다"고 표현했다.

세네카는 말한다. "당신이 용감하고 관대하게 행한다면 무엇을 얻을 수 있을까? 그것을 행하는 것, 즉 행위 자체가 보상이다." 옳은 일을 하되, 보상을 바라거나 형벌을 두려워해서가 아니라 선을 향한 사랑으로 해야 한다.

주의 증거로 내가 영원히 기업을 삼았사오니 이는 내 마음의 즐거움이 됨이니이다.

– 〈시편〉 119편 111절

풀러는 영국의 항해사이자 제독인 프랜시스 드레이크 경에 관해 이렇게 말했다. "그는 언제나 품위 있었고, 공정했으며, 말은 진실했고, 부하들에게 너그러웠으며, 게으름을 가장 싫어했다. 문제가 생기면 믿을 만하거나 능력 있는 사람이 주위에 있더라도 절대로 의지하려 하지 않았고, 위험을 두려워하거나 고난을 마다하지 않았다."

우리는 우리가 완벽할 수 없다는 것을 알고 있지만, 다른 모든 것들과 마찬가지로 인격의 완벽함을 목표로 삼아야 한다. 우리 모두에게는 내면에 양심이라는 확실한 지침이 있으며, 양심을 따른다면 크게 잘못될 수 없다. 의지가 분명하다면 누구나 고귀한 삶을 살 수 있다. 그러므로 항상 가장 높은 이상을 곁에 두어라.

자신을 드높일 높은 목표가 없다면 그는 얼마나 불쌍한 존재인가.

— 본

노력하기만 한다면 사람들이 당신에게 셰익스피어의 희곡 〈줄리어스 시저〉의 5막 5장에서 마크 안토니가 시저에게 했던 말을 해줄 것이다. "그의 생은 신사다웠으며, 몸과 마음이 조화되어 대자연이 일어서서 온 세상에 말하기를, 이 사람은 진정한 남자였다."

당신이 여성이라면 이런 말을 들을 것이다.

당당하고 타이르고, 위로하고, 명령하는

고귀한 모습의 완벽한 여성.

천사의 빛을 지닌

고요하면서도 밝은 영혼.

- 워즈워스

영국의 시인이자 소설가 월터 스콧은 임종을 앞두고 사위이자 작가인 록하트에게 남긴 마지막 말은 다음과 같다. "덕이 있고 신앙이 있는 사람이 되어라. 그리고 선한 사람이 되어라. 네가 나처럼 이 자리에 눕게 될 때 다른 어떤 것도 위로가 되지 못할 것이니."

메소포타미아의 예언자 발람도 이렇게 소원했다. "나를 의인의 죽음과 같이 죽게 하시고, 나의 마지막도 그와 같이 되게 하소서."

진짜 패배는 자신에게
지는 것

진짜 패배는 자신에게 지는 것

희망이 신앙, 자비와 함께 미덕으로 분류되어야 한다는 말을 자주 듣는데, 나는 이런 사실에 놀랍다. 신앙은 이해하거나 오해할 수도 있고, 자비는 분명 미덕인데 왜 희망일까?

절망하는 것은 분명 잘못된 것이며, 절망이 잘못되었다면 희망은 옳은 것이다. 인내와 끈기를 갖고 어떤 목적을 이루려는 것은 희망을 의미하며, 인내는 아무리 고귀한 영웅적 행동보다 훨씬 더 나은 인격의 시험이다. 고통을 묵묵히 견뎌내며 헌신적으로 살아가는 사람이 진정한 순교자다.

너무 많은 것을 마음에 두지 말라. 낙담하지 않는 한 정말로 패배한 것은 아니다.

어떤 일에 실패한 것도 최선을 다했지만 실패한 것도 전혀 비난할 일이 아니다. 이는 인간을 망가뜨리지 않는다. 그러나 등을 돌려 도망치는 것, 노력하지 않고 포기하는 것, 폭력에 굴복하는 것, 이는 운명이 아닌 그 사람의 잘못이다.

– 버틀러

시드니 스미스는 특유의 유머로 이런 말을 남겼다. "이 세상에서 가치 있는 일을 하고 싶다면 추위와 위험이 두렵다고 강둑에 떨면서 서 있지 말고, 할 수 있는 한 뛰어들어 있는 힘껏 헤쳐가야 한다." 사람들은 실재하는 위험보다 상상 속의 위험을 훨씬 더 두려워한다. 사람들에게 비웃음을 당할까 봐 몹시 겁을 먹는 것도 그중 하나다.

거짓 부끄러움에 굴복하지 말라. 베드로는 바리새인과 병사들에게 대담하게 맞섰으나 대제사장의 회당 안에 있던 시녀와 시종들의 비웃음은 견디지 못했다.

겁쟁이들은 진짜 죽음을 맞기 전에 여러 번 죽는다. 용감한 자는 단 한 번 죽을 뿐이다.

– 셰익스피어

튼튼한 창문에 매달려 있던 돈키호테는 자기 밑에 무시무시한 심연이 펼쳐져 있으리라 상상했지만, 마리토르네스가 그를 내려놓았을 때 보니 땅에서 불과 얼마 떨어지지 않은 곳이었다.

《천로역정》에서 보면 불신(Mistrust)과 소심(Timorous)은 사자에게 겁을 먹었지만, 기독교인이 용감하게 다가갔을 때 사자는 사슬에 묶여 있었다.

전쟁에서 승리한 병사들이 밤에는 공황에 빠져 도망가는 일이 얼마나 많은가. '공황'이라는 말은 이유 없는 공포를 의미한다. 그리고 밝은 대낮에도 두려움과 불안에 휩싸이는데, 이 역시 아무런 근거가 없다.

이 세상의 수많은 근심은 거품처럼 부서지고 망각의 강으로 사라질 것이다. 그러니 그것을 되새기지 말고 소중하게 보살피지 말며 가슴속에 영원히 남기지 말 것이다. 이 세상 수많은 슬픔이 내일이면 흔적도 없이 사라질 것이다. 그러니 슬픔에 날개를 달아주지 말라. 그렇지 않으면 슬픔은 어느새 우리 마음에 들어와 조용히 알을 품고는 온갖 끔찍한 것들을 부화시킬 것이다.

— G. 클라크

결코 절망하지
말라

　매사에 불만을 품은 사람이라면 자신을 누구와 함께 바꾸고 싶은 것인지 자신에게 물어보라. 누구도 이 사람에게서는 건강을, 저 사람에게서는 재산을, 또 다른 사람에게서는 집만을 가져올 수 없다. 만약 불만족스럽다면 전부를 바꾸어야 하며, 그렇지 않으면 아무것도 바꿀 수 없다.

　영국의 시인이자 비평가 콜리지는 커다란 어려움에 부딪혔을 때 화학자인 험프리 데이비 경에게 이런 편지를 썼다. "이 모든 변화와 굴욕과 두려움 속에서도 하느님이 내 안에 계시면서, 내가 견디는 모든 일이 축복으로 가득하다는 기쁜 믿음이 사라지지 않도록 지켜주신다."

그러므로 절대로 절망하지 말라. 절망만 하지 않으면 모든 것은 되찾을 수 있다. 《집회서》에서는 "마음이 약한 자에게는 화가 있을진저"라고 말한다.

용기가 사라지면 모든 것이 사라진다. 그렇다면 차라리 태어나지 않는 것이 나았을 것이다.

— 괴테

인내하는 것은 운명을 정복하는 것이다.

— 캡벨

절망적인 발걸음을 조심하라. 내일까지 견디면, 가장 어두운 날이 지나가리니.

— 쿠퍼

누구나 실수는 한다. 실수하지 않는 사람은 아무것도 이루지 못한다. 그러나 같은 실수를 두 번 반복할 필요는 없다. 실수를 교훈으로 삼아 더 나은 삶을 위한 디딤돌로 삼아라.

영국의 급진적인 정치가인 죠셉 흄은 1년에 1만 파운드를 버는 것보다는 쾌활한 성격을 갖는 편이 낫다고 말했다.

행동에는 현재가 가장 중요하다. 그러나 이는 과거와 미래를 생각하면서 살아야 한다는 뜻을 담고 있다. 인생의 많은 불행은 현재를 위해 미래를 희생하고, 순간의 만족을 위해 다가올 행복을 희생하기 때문이다. 손안에 있는 새 한 마리가 숲속에 있는 새 두 마리보다 낫다는 말은 틀림없는 사실이다. 숲속의 새는 절대 새장 안으로 들어오지 않을 가능성이 크지만, 미래는 반드시 온다. 기억 속에 즐거움을 품고 있고 야망은 천국에 있는 사람이 가장 행복하다.

진정한 삶과 거리가 멀거나 혹은 덧없이 사라져버리는 것을 우리가 기꺼이 버린다면, 모든 축복이 내려와 함께할 것이기 때문이다.

무엇보다도 나는 사람은 용감해야 하며, 스콧의 표현대로 "하고자 하는 의지와 도전할 수 있는 영혼"을 가져야 한다고 말하고 싶다.

우리의 의심은 배신자이며, 시도하기를 두려워함으로써 우리가 종종 이길 수 있는 선을 잃게 한다.

— 셰익스피어

용기는 미덕일 뿐만 아니라 인간의 본질 중 하나다. 남자가 진정한 남자가 되기 위해서는 용감해야 하고, 여자가 진정한 여자가 되기 위해서는 부드러워야 한다. 물론 남자들도 용감함과 동시에 부드러워야 하고, 여자들은 부드러우면서도 용감해야 힌다.

무모함은 용기가 아니다. 용기는 위험을 무시하는 것이 아니라 당당하게 맞서는 것이다. 불필요한 위험을 감수하는 것은 용기가 아니다. 그러나 위험이 닥쳤을 때 비겁하게 물러나면 위험은 더 커진다. 대담하고 침착하게 마주하는 것이 안전해지는 진정한 길이다. 전쟁터에서 적을 피해 도망치는 것은 결국 죽는 길이다. 아킬레스처럼 결정적인 약점을 가진 사람이라면 특히 그렇다.

버크는 《숭고함과 아름다움에 대한 에세이》에서 말했다. "어떤 일을 아주 끔찍하게 만드는 것은 대개 모호함이다. 우리가 어떤 위험을 완전히 살피고 그것에 익숙해지면 걱정 대부분은 사라진다." 옛 우화 중에서 화살에 놀란 사슴은 사냥꾼의 손에 들어가고, 양 떼가 일으킨 먼지를 보고 이를 적으로 착각한 병사들이 기습을 당했다는 이야기가 있다.

침착하고, 용기를 유지하라. 가시를 피하면 위험하지만 꽃에서 가시를 뜯어내면 안전해진다. 그리고 "안전이라는 덮개 밑에서 만족이라는 발을 빼라"는 동양 속담도 있다.

　너무 많은 것을 기대하지 말라. 괴테는 말한다. "적게 기대하는 법을 알고 많이 즐기는 법을 아는 것이 성공의 비결이다."

어둠 속에서 가장
빛나는

너무 많은 것을 기대하지 말고, 너무 빨리 기대하지도 말라. "모든 것은 기다릴 줄 아는 사람에게 간다." 인생에서 가장 어두운 그림자는 사람이 빛 속에 서 있을 때 생긴다는 말이 있다. 살아가다 보면 슬픔은 반드시 찾아오지만, 슬픔을 용감하게 견뎌내는 것이 우리의 몫이다. 그래서 리히터는 말한다. "가장 어두운 순간에 가장 밝은 기억을 불러내라."

우리는 다음과 같은 말을 늘 위안으로 삼는다.

아무리 고통스러운 날에도 시간은 흘러가느니.

– 셰익스피어

조지 맥도널드는 말한다. "마음이 진실하고 사랑이 강하면 일은 절대 나쁘게 흘러가지 않으며, 안개가 드리우고 비가 내릴지라도 사랑이 있다면 햇살로 바뀌리라."

《그리스도를 본받아》에는 다음과 같은 글이 나온다. "겨울이 지나면 여름이 오고, 밤이 지나면 낮이 돌아오고, 사나운 폭풍우가 지나면 고요함이 찾아온다."

우리의 길이 아무리 어둡게 보일지라도 시간이 그 슬픔을 달래줄 것이다. "밤의 고통이 이어져도 아침이 되면 기쁨이 찾아온다."

슬픈 가슴이여, 가만히 있어라. 슬퍼하지 마라.
먹구름 뒤에는 밝은 태양이 여전히 빛나느니.
그대의 운명도 다를 것 없다네.
모든 이의 인생에는 이따금 비가 내리며,
어떤 날은 어둡고 쓸쓸한 날도 있다네.

― 롱펠로

어떤 변화가 생겼을 때, 그것이 불행처럼 보인다면, 그것이 정말 불운인지 확인하라. 겉모습은 종종 기만적이다. 이 세상은 사소한 일에도 낙담해도 될 만큼 호락호락하지 않으며, 직접 시도해보기 전에는 무엇을 할 수 있는지 결코 알 수 없다. 고난과 슬픔은 종종 변장한 친구일 때가 많다. 넬슨은 보이지 않는 눈 덕분에 전쟁에서 퇴각 신호를 보지 않아도 되었다.

정치가 그렌트 디프는 느낭에서 행복한 삶을 살년서 이렇게 이야기했다. "누구에게도 부럽지 않은 삶을 사는 사람들도 많고 부러운 죽음을 맞는 사람들도 많다." 역사상 왕좌에 앉아 불후의 명예를 얻는 사람도 많지만, 단두대의 이슬로 사라지는 불후의 명예를 얻은 사람도 많다. 우리가 고통을 겪는다면, 그것은 우리 자신의 잘못 때문이거나 아니면 공공의 이익 때문이다.

현명한 사람은 고통을 당했을 때 결코 앉아서 슬퍼하지만은 않으며 힘을 내어 상처를 치료할 방법을 찾는다.

– 셰익스피어

인생의 수많은 축복에 감사하고 이를 마음껏 누리며 살아야 하지만, 슬픔과 고통을 완전히 악으로 여겨서는 안 된다. 언제나 성공만 거둔다면 더 나은 사람이 될 수 없다. 별 대단하지 않은 시련에도 무력하고 무너진다. 어려움을 극복하고, 유혹을 이

기며, 슬픔을 용감하게 견뎌내면 인격이 성장하고 강인하며 고귀해진다.

영국의 지질학자 기키는 말한다. "영원한 존재와 마주하라. 가장 위대한 일은 그 존재를 향해 당당하게 걸어가는 것이다."

그 길을 당당하게
걸어가라

우리는 여름날의 부드러운 공기와 밝은 햇살을 충분히 즐기지만, 자연의 웅장함과 아름다움은 대부분 겨울의 눈보라와 폭풍우로 만들어진다.

킹즐리는 매서운 강풍을 아름다운 서정시로 칭송했다.

감미로운 남풍은

연인의 한숨에 배어 있고

게으른 남자들은

여인들의 눈 속에서 행복해한다.

심장과 펜처럼 나약하게 할 뿐

그가 무엇을 할 수 있을까?

혹독한 날씨가 강인한 남자들을 만든다.

그러나 사나운 강풍이

눈보라를 뚫고 휘몰아치며

용맹한 영국 남자를 바다로 향하게 한다.

우리의 내면은 강인해지며

바이킹의 피가 끓어오른다.

우리의 두뇌와 근육은 단단해진다.

불어라, 하느님의 바람이여.

문제는 도덕적인 강풍이다. 고난은 우리를 강하게 하고 단련시켜준다.

명예의 화려함과 과시를 넘어 이것은 영웅의 칭찬이자 왕관이다. 이것은 우리의 투쟁을 언제가 갈망해온 영웅의 명예로운 승리를 그리워한다.

– 헨리 테일러

로마 시대 철학자인 에픽테토스는 이렇게 말한다. "만일 헤라
클레스가 쫓아내고 처치했던 사자, 히드라, 수사슴, 멧돼지, 비
열하고 야만적인 인간들이 없었다면 헤라클레스는 어떻게 되었
을까? 이불을 둘러쓰고 잠을 자고 있지 않았을까? 호화롭고 안
락한 삶을 살았다면 그는 헤라클레스가 되지 못했을 것이다. 설
령 헤라클레스가 되었다고 해도 그를 어떤 일에 쓸 수 있을까?
그의 튼튼한 팔과 몸, 그리고 인내와 고귀한 성품을 어디에 사
용했을까? 환경과 사건이 그를 깨우고 단련시키지 않았다면."

소크라테스가 사형 선고를 받았을 때, 아폴로도로스는 소크
라테스가 부당한 고통을 받는다며 비통해했다. 그러자 그 철학
자가 이렇게 물었다. "그렇다면 당신은 내가 죄를 지었기를 바
랍니까?"

성 베드로는 이렇게 말했다.

부당하게 고난을 받아도 하나님을 생각함으로 슬픔을 참으면
이는 아름다우나 죄가 있어 매를 맞고 참으면 무슨 칭찬이 있
으리오. 그러나 선을 행함으로 고난을 받고 참으면 이는 하나
님 앞에 아름다우니라.

– 〈베드로전서〉 2장 19절

베풂의 무게

잘못을 저지르는 것이
인간이라면

다른 사람이 우리에게 해주기를 바라는 대로 다른 사람에게 행해야 할 뿐만 아니라, 그들이 우리를 생각해주기 바라는 대로 그들을 생각해야 한다. 우리가 사람들을 배려하지 않으면서 사람들이 우리를 위해 그렇게 해주기를 기대할 수 있겠는가? 다른 사람들을 관대하게 대하는 것이 그렇지 않은 것보다 옳은 일이라는 것을 알게 될 것이다.

《진실의 예측》에는 이런 말이 나온다. "어떤 사람들은 식초로 바위를 녹이면서 험난한 알프스산맥을 넘었다고 하는 한니발처럼 인생의 고난을 헤쳐나가야 한다고 생각한다."

또 어떤 사람들은 기꺼이 희생할 준비가 되어 있으면서도 삶의 기쁨과 행복을 더해주는 작은 친절과 애정이 담긴 행동은 소홀히 한다.

불평할 이유가 있다 하더라도, 그 일 때문에 우리가 받는 피해는 생각만큼 심각한 경우는 거의 없으며, 피해를 입었다고 분개하는 것은 상황을 더욱 악화시킬 뿐이다.

복수는 피해 자체보다 우리에게 더 큰 해를 끼친다. 다른 사람에게 해를 끼치려면 그 자신은 더 큰 해를 입는다. 알프레드 왕의 표현대로 "벌이 화가 나서 침을 쏘고 죽는 것과도 같다."

독수리는 썩은 고기의 냄새만 맡으며, 악어거북은 알에서 떠나기 전이나 죽은 후에도 깨문다고 한다. 다른 사람들의 결점만 찾는 사람이 있다. 그러나 비판하기보다는 칭찬하는 것이 훨씬 더 현명하며, 냉소는 진정한 비판이 아니다. 비판이 진실일 수도 있지만, 그것이 전부 진실은 아니다. 무대 뒤에서 연극을 보면 아주 재미있기는 하지만, 그곳이 연극을 보기에 가장 좋은 장소는 아니다. 다른 사람에게서든 인생에서든 나쁜 점이 아닌 좋은 점을 찾으려고 노력하라. 그러면 찾고자 하는 것이 무엇인지 알게 될 것이다.

항상 인내하라. 아이들이 보채면 열에 아홉은 어딘가 아프기 때문이다. 다른 면에서와 마찬가지로 어른은 다 큰 아이에 불과하다. 누군가 우리를 화나게 할 때, 그 사람이 처한 상황과 그 사람의 기분을 이해한다면 화를 내기보다는 측은함이 앞선다.

누군가 아프다는 것을 알면 그 사람을 얼마나 배려하는가. 아무것도 원망하지 않는다. 생각나는 것이 무엇이든 해준다. 성가시거나 짜증날 수도 있지만, 그들 앞에서 그런 표정을 내비치지 않는다. 그런데 왜 아플 때만 그러는가? 늘 친절하고 배려한다면 얼마나 좋을까?

우리는 다른 사람들의 걱정거리와 슬픔의 무게, 남모르는 고통을 알지 못한다. 그러니 불평할 일이 생기더라도 아량을 베풀어라. 아량이 너무 과하지 않은지 걱정할 필요는 없다. 모든 일과 모든 사람에게 최대한 인내하라.

"죽은 사람에게는 칭찬만 하라"는 좋은 격언이지만, 왜 꼭 죽은 사람에게만 국한해야 할까? 친절하고 다정한 말은 듣기 힘든데 악의적이고 부정한 이야기는 많이 듣게 되는 이유는 무엇일까? 사람들이 죽은 사람에게 하듯이 산 사람에게도 칭찬만 한다면 얼마나 좋을까?

그러므로 남을 비난하지 말며, 설령 한다고 해도 경솔하게 하지는 말라.

섣불리 판단하지 말라. 그의 머리와 마음의 움직임을 당신은 볼 수 없으니 당신의 흐릿한 눈에는 얼룩처럼 보이는 것이 신의 순수한 빛 속에서는 당신이 그저 힘없이 굴복한 전쟁터에서 힘겹게 싸우다 얻은 상처일지도 모른다.

– 프록터

불안을 표시해야 할 때도 있다. 그러나 친절하고 너그럽게 말할 수 없다면 아무 말도 하지 않는 편이 낫다. 시드니 스미스는 그가 없는 자리에서 자신을 험담한 친구에게 자기가 없는 곳에서는 자기를 발로 차도 상관없다고 말했다고 한다.

그러나 사람들은 욕을 먹을 거라면 면전에서 먹는 것이 낫다고 생각하며, 자신을 변호할 수 없는 상황에서 남이 자기 이야기를 하는 것에 아주 민감하다. 사람들은 누군가 다른 사람에 대해 험담하며 같이 웃고 재미있어하는 것처럼 보일 수 있지만, 그러면서도 자연스럽게 다음 차례가 자신일지 모른다고 생각한다. 따라서 그 순간에는 사람들이 당신과 함께 웃을지라도 그 일로 당신을 더 좋아하지는 않을 것이다.

당신의 형제를 부드럽게 바라보아라. 자매들에게는 더 온유하게 대하라. 비록 그들이 나쁜 짓을 하더라도 본래 잘못을 저지르는 것이 인간이다. 그러므로 침묵하라. 우리는 문제를 바로잡을 수 없다. 이미 행해진 일은 얼마쯤 평가할 수 있어도 논쟁 중에 있는 일은 알지 못한다.

– 번스

동물에게도 영혼이
있다

동물에 대해서도 한마디 해야겠다.

세네카는 "우리는 갈고리와 올가미, 덫과 개로 모든 살아 있는 생명과 전쟁을 벌인다"고 말했다. 이 말은 전적으로 옳다. 인간이 살아가려면 어느 정도는 다른 동물의 희생이 필요하다. 그러나 우리가 동물들에게 많은 것을 의존하고 있기 때문에, 동물들에게 불필요한 고통을 주는 일을 피해야 한다.

우리의 쾌락이나 만족을
연약한 존재들이 느끼는 슬픔과 뒤섞지 말라.

– 워즈워스

"당신의 마음이 옳다면, 모든 생명체는 당신의 생명을 비추는 거울이며 신성한 교리가 담긴 책이 되리라."

사람들은 대부분 동물에게는 영혼이 없다고 믿지만, 아마도 석가모니와 웨슬리, 킹즐리를 비롯한 많은 사람은 그렇게 믿지 않았다.

새들에게는 영묘한 모습이 있다. 킹즐리는 말한다. "성 프란치스코는 자신이 영적인 존재라고 확신하면서, 새들도 그와 마찬가지로 육체를 입은 영적인 존재일지 모른다고 생각했다. 그리고 그가 보기에 새들은 인간에 비해 조금도 뒤지지 않는 위엄을 갖추었으며, 아주 아름답고 경이로운 모습으로 천국에서 천사들이 하듯 숲에서 하느님을 찬양했다."

동물들은 친절하고 사려 깊게 대우받아야 한다. 그들에게 불필요한 고통을 가하는 것은 범죄다. 워즈워스는 이렇게 말했다.

선한 인간의 삶에서 최고의 모습은
이름도 없고 기억되지 않는
친절과 사랑의 행동이다.
그는 신실하게 기도하고
인간과 새와 짐승을 모두 사랑하며

그는 최선을 다해 기도하고

크고 작든 모든 것을 마음을 다해 사랑한다.

우리를 사랑하고 창조하신 하느님이

모든 것을 사랑하시기 때문이다.

이처럼 온유한
마음으로

셰익스피어의 모든 훌륭한 문장 중에서 단연코 〈베니스의 상인〉에 나오는 글보다 빛나는 것은 없다.

자비에는 한계가 없어 하늘에서 내리는 단비와 같아 떨어진 곳에는 축복이 배가 된다오. 자비는 베푸는 자와 받는 자 모두에게 축복이오. 자비는 강한 것 중에 가장 강하고 왕위에 오른 왕을 더 군주답게 해주는 것이오. 왕의 주권은 세속을 다스리는 권력이요, 위엄과 장엄함을 드러내며 거기에는 왕을 향한 경외감이 깃들어 있다오. 하지만 자비는 왕권을 초월하며 왕의 마음속 왕좌에 자리잡고 있는 신의 성품이오. 따라서 자비를 베풀어 정의를 실현하면 지상의 왕권이 신의 권세에 가까워지는 것이오.

흔히 자선을 구호품을 베푸는 것과 동의어로 받아들이곤 한다. 그러나 구호품을 주는 것은 자선의 한 형태일 뿐 주된 부분이 될 수 없다. 남에게 베풀 때 사려 깊지 않으면 득보다는 해가 된다. 무엇보다 중요한 것은 공감과 애정을 갖는 것이다.

다른 사람의 고통을 느끼고 그들의 결점을 감추는 법을 가르쳐주십시오. 하느님이 제게 베풀어주신 자비를 이제는 그들에게 베풀도록 해주십시오.

– 알렉산더 포프

감사할 줄 모르는 자녀는 뱀의 이빨보다 더 날카롭다.

– 셰익스피어

햇빛을 볼 자격이 없는 사람은 많지만 그래도 해는 떠오른다.

– 세네카

다른 사람을 용서하지 않는 사람은 그 자신도 용서받기를 기대할 수 없다.

버틀러는 말한다. "당신에게 죽음이 다가온다고 가정해보라. 당신은 벌거벗은 채 이 땅의 심판자 앞으로 나아가 지금까지 다른 사람들에게 행한 것들을 설명해야 한다. 그럴 때 당신을 화나게 했던 사람들에게 아무런 자비를 베풀지 않고 무자비하게 대한다면 그 심판은 얼마나 두렵겠는가? 당신이 다른 사람들을 용서하지 않으면서 용서받기를 바랄 수 있겠는가?"

성경은 이런 두려움을 다음과 같이 기록한다.

너희가 각각 마음으로부터 형제를 용서하지 아니하면 나의 하늘 아버지께서도 너희에게 이와 같이 하시리라.

− 〈마태복음〉 18장 35절

잘못을 용서하고 원수를 사랑하라는 신성한 계율은 비록 다른 도덕규범에도 나타나지만, 특히 기독교에서 강조하는 개념이다. 성경에서는 이 말을 계속해서 강조한다.

너희가 사람의 과실을 용서하면 너희 천부께서도 너희 과실을

용서하시려니와 너희가 사람의 과실을 용서하지 아니하면 너
희 아버지께서도 너희 과실을 용서하지 아니하시리라.

– 〈마태복음〉 6장 14~15절

아니다. 용서만으로는 충분하지 않다. 우리는 그 이상을 해야
한다.

나는 너희에게 이르노니 너희 원수를 사랑하며 너희를 박해하
는 자를 위하여 기도하라. 이같이 한즉 하늘에 계신 너희 아
버지의 아들이 되리니 이는 하나님이 그 해를 악인과 선인에
게 비추시며 비를 의로운 자와 불의한 자에게 내려주심이라.

– 〈마태복음〉 5장 44~45절

사도 바울은 이렇게 말했다.

사랑은 오래 참고 사랑은 온유하며 시기하지 아니하며 사랑은
자랑하지 아니하며 교만하지 아니하며 무례히 행하지 아니하
며 자기의 유익을 구하지 아니하며 성내지 아니하며 악한 것
을 생각하지 아니하며 불의를 기뻐하지 아니하며 진리와 함께

기뻐하고 모든 것을 참으며 모든 것을 믿으며 모든 것을 바라며 모든 것을 견디느니라.

사랑은 언제까지나 떨어지지 아니하되 예언도 폐하고 방언도 그치고 지식도 폐하리라. (……) 그런즉 믿음, 소망, 사랑, 이 세 가지는 항상 있을 것인데 그중의 제일은 사랑이라.

– 〈고린도전서〉 13장 4~13절

삶은 주인을 따른다

행복해질 준비가
되어 있는가

    풍족함과 행복은 늘 같이 있는 것은 절대 아니며, 행복할 수 있는 모든 것을 가지고 있음에도 불구하고 불행하게 살아가는 사람들이 많다. 헉슬리 교수의 말처럼, 자연은 "자신이 사랑하는 사람"들에게 줄 수 있는 모든 것을 주지만 그를 행복하게 만들 수는 없다. 스스로 행복해져야 한다. 세속적인 성공을 거둔 사람의 삶은 위험과 불안으로 가득 차 있다. 행복의 요소를 갖추지 못한 사람이라면, 세상의 모든 아름다움과 다양함, 즐거움과 관심사에서 행복을 찾을 수 없다. 쇼펜하우어는 말한다. "어떤 사람에게는 세상이 황량하고 지루하며 무의미하지만, 어떤 사람에게는 풍요롭고 흥미롭고 의미로 가득 차 있다."

행복은 바이올린처럼 연습해야 한다. 올바른 방법을 선택하면 행복은 다가오지만, 지나치게 호기심을 갖고 행복을 좇아서는 안 된다. 댈러스는 말한다. "하데스에게서 아내를 찾아오면서 경고를 무시하고 아내를 돌아본 오르페우스처럼 되어서는 안 된다."

프랭클린은 말한다. "쾌락을 놓아주면, 쾌락이 당신을 따를 것이다."

자신을 대단하게 생각하지 말라. 당신만이 세상에서 유일한 사람이 아니다.

러스킨은 말한다. "즐거움을 찾지 말고, 항상 즐거워할 준비를 하라." 비록 사소한 즐거움일지라도 삶을 즐거움의 연속으로 만드는 것은 대단한 일이다.

유머 감각은 인간만이 가진 재능이다. 동물에게도 이성이 있는지는 아직도 논란의 대상이지만, 동물들에게 유머라는 재능이 없는 것이 분명하다. 프랑스의 극작가인 샹포르는 "모든 날 중에서 우리가 잃어버린 날은 바로 우리가 웃지 않았던 날"이라고 말했다. 즐거운 웃음소리를 듣는다는 것은 얼마나 기쁜 일인가. 더구나 웃음소리는 모든 것을 밝게 만든다.

기쁜 마음은 끝까지 가지만 슬픈 마음은 얼마 가지 못해 지치
고 만다.

— 셰익스피어

어느 주교는 말한다. "쾌활함은 기독교의 전부라고 해도 과언
이 아니다."

분을 내어도 죄를 짓지 말며 해가 지도록 분을 품지 말고

— 〈에베소서〉 4장 26절

다툼에는 두 사람이 필요하다. 그중 한 사람이 되지 말라.

어떤 사람들은 늘 불평만 늘어놓는다. 그들은 에덴동산에서
태어났어도 불평할 것을 얼마든지 찾아낼 것이다. 어떤 사람들
은 어디서나 행복하다. 그들은 어디에서든 아름다움과 은총을
찾아낸다.

쾌활함은 훌륭한 정신적 강장제다. 햇빛이 꽃을 피우고 열매
를 익히듯, 쾌활함, 즉 자유와 생명의 느낌은 우리 안에 있는 모
든 선의 씨앗을 성장시킨다.

쾌활함은 우리가 다른 사람에게 빚진 의무다. 무지개가 땅에

닿는 곳마다 금 항아리가 있다는 옛말이 있다. 어떤 사람들은 미소, 목소리, 존재 그 자체가 햇빛과도 같아서 만지는 모든 것을 황금으로 바꾼다. 쾌활함을 잃지 않는 사람은 절대 좌절하지 않는다. 벅스턴은 말한다. "쾌활한 마음은 자신뿐 아니라 다른 사람에게도 계속되는 향연이다."

플로렌스 나이팅게일의 그림자는 그녀가 준 약보다 더 많은 사람을 치료했다. 우리가 다른 사람의 짐을 나누어 들어주면 우리 짐도 가벼워진다.

어떤 사람들은 쾌활함이 무심함을 의미한다고 생각하지만, 이 둘 사이에는 반드시 연관성이 있는 것은 아니다. 아널드는 이렇게 말한다. "인간이 받은 최고의 축복인 쾌활한 마음은 신중한 생각이나 부드러운 애정 표현과 어울리며, 신이 보기에 어리석은 자의 얕음과 완고함보다는 우아함에 가깝다."

행복은 배울수록
커진다

태어나는 것 자체가 평생 고된 노동의 선고인 사람들이 많다. 그러나 그것은 가난한 사람들에게만 적용되는 말은 아니다. 부자들 역시 가난한 사람들 못지않게, 아니 그보다 더 열심히 일한다. 게다가 자신이 가진 돈 때문에 비참한 삶, 즉 휴식도 평온도 평화도 없는 삶을 사는 사람이 얼마나 많은가. 세상을 사는 동안 우리는 고통을 피할 수 없지만, 우리가 선택한다면 고통을 극복할 수 있다. 그러려면 기억이라는 방의 사방 벽에 아름다운 그림과 행복한 추억을 걸어놓아야 한다.

모두 사람이 즐겁게 살기를 원하지만 방법을 아는 사람은 드물다. 그들은 삶의 존엄성과 기쁨을 깨닫지 못한다.

사소한 어려움을 대단한 시련으로 확대하지 말라. 키케로는 말한다. "우주의 영원함과 거대함을 잘 아는 사람들에게 이 세상의 어떤 어려움이 대단해 보이겠는가? 지혜로운 사람이 보기에 인간의 지식이나 이렇게 짧은 생에 무엇이 대단해 보이겠는가? 그의 마음은 항상 조심하기 때문에 예상하지 못한 일이 그에게 일어날 수 없다."

우리는 아주 가벼운 상처만 입었을 뿐인데도 치명적이라고 착각하곤 한다. 풀러는 《신성과 세속》에서 이런 이야기를 들려준다. 어느 신사의 상처를 치료하러 온 의사가 서둘러 약을 주문했다. 신사가 물었다. "상처가 그렇게 위험한 정도인가요?" 의사가 대답했다. "아뇨. 하지만 약이 빨리 오지 않으면 상처가 저절로 낫고 말 겁니다."

시간은 상처뿐만 아니라 슬픔도 치료한다.

밀은 말한다. "교양 있는 사람, 이는 철학자를 말하는 것이 아니라 지식의 샘이 열려 있으며 능력이 발휘되도록 상당 정도 가르침을 받은 사람을 말하는데, 그런 사람은 자신을 둘러싼 모든 것에서, 자연의 모든 것에서, 예술작품에서, 상상력이 깃든 시에서, 역사적 사건에서, 인류의 풍습에서, 과거와 현재에서, 미래에 대한 기대에서 무한한 흥밋거리를 찾는다. 사실 이 모든 것에 무관심해지는 것은 가능하지만, 그런데 이 모든 것을 대충 훑어보고는 무관심해지는 사람들도 있다. 그들은 처음부터 진지하고 인간적인 관심 없이 호기심의 충족만 바란다."

진정한 아름다움을 감상하려면 미적 감각을 지녀야 한다. 개나 코끼리의 지능에 대해서는 많이들 알고 있지만, 개나 코끼리가 세상의 온갖 아름다운 경치를 보면서 즐거워한다는 이야기는 듣지 못했다.

사람들은 지루하다고 불평하거나 할 일이 없다고 말한다. 그러나 지루함은 그들 자신에게서 비롯한다. 사우디는 말한다. "교육을 받았고, 건강과 두 눈, 두 손과 여가 시간을 가진 사람이 목표를 갖고 있지 않다면, 전능하신 하느님이 자격 없는 사람에게 모든 은총을 주신 것이다."

건강과 지위도 행복을 보장하지 않는다. 사랑과 인정, 마음의 평화가 없다면 부유하고 위대하고 권력이 있더라도 행복할 수 없다.

자신이 불행하다고 생각한 어느 페르시아 대왕이 점성술사에게 조언을 구했다. 점성술사는 완벽하게 행복한 사람의 셔츠를 입으면 행복해질 수 있다고 왕에게 말했다. 왕은 자기가 다스리는 왕국 사람들과 왕실 속에서 완벽하게 행복한 사람을 찾았지만 허사였다. 그러다 마침내 그 조건에 들어맞는 사람을 찾았다. 일을 마치고 집으로 돌아오는 평범한 일꾼이었다. 그는 완벽하게 행복했다. 그러나 아쉽게도 왕은 그에게서 치료법을 구하지 못했다. 그 일꾼은 셔츠를 입고 있지 않았다.

인생을 인생답게 즐기고
싶다면

    나는 이미 가장 현명한 사람들이 동의했듯이 행복은 돈으로 살 수 없으며 권력으로도 잡을 수 없다고 이미 말했다. 이는 현자들도 인정한 사실이다. 왕의 왕관에는 가시가 둘러쳐져 있다.
    고대 그리스의 히에로 왕은 시인인 시모니데스에게 말한다. "사람들은 대부분 왕족의 화려함에 현혹되어 있다. 그 사실에 나는 전혀 놀라지 않는다. 사람들은 눈에 보이는 것만으로 행복과 불행을 판단하기 때문이다. 왕의 자리는 사람들이 최고로 평가하는 것들을 그대로 드러내고 펼쳐놓는다. 그러나 왕의 고통은 인간의 행복과 불행이 존재하는 영혼의 가장 구석진 곳에 숨어 있다. 내 경험으로 볼 때, 시모니데스에게 분명히 말하는데,

왕들은 큰 기쁨에서 가장 작은 몫을 가지고 있고 가장 큰 고통에서 가장 큰 몫을 가지고 있다."

만일 자신이 불행하다고 생각한다면, 프랑스의 성직자 마실론의 말에서 위안을 얻을 수 있을 것이다. "이 불행은 어디서 온 것인가? 오, 인간이여! 낮은 곳에 머물러 불행하다고 생각하는가? 그대는 하느님을 위해 만들어졌다. 이 땅은 그대의 나라가 아니다. 하느님을 위한 것이 아니라면 그대를 위한 것도 아니다."

베이컨은 말한다. "쾌락의 여러 가지 빛깔과 선을 얻는 방법을 말하려고 할 때 우리는 당황한다. 최고의 선에 대해 우리가 할 수 있는 말은, 선에는 형언할 수 없는 매력이 있다는 것뿐이다. 최고의 축복에 대해 우리가 할 수 있는 말은 그것이 말로 표현할 수 없다는 것뿐이다."

올바른 생각을 지닌 사람이라면 단테의 말을 이해할 것이다.

내가 본 것은 황홀경이었다. 우주의 모든 것이 웃음을 보내는 듯하다. 비교할 수 없는 기쁨과 형언할 수 없는 즐거움, 평화와 사랑이 있는 영원한 삶, 고갈되지 않는 부와 무한한 행복.

자연에 존재하는 모든 것은 지혜롭고 유익한 법칙에 지배받으며, 모든 것이 서로 연결되어 선을 이루려고 움직인다. 우리가 고통을 받는다면 그것은 우리 자신의 잘못이거나 공공의 정의 때문이다.

　세네카는 말한다. "의무를 다한다면 반드시 행복해질 것이며, 세상에 물리칠 수 없는 유혹은 없다."

　키케로는 그리스의 철학자 에피쿠로스가 이렇게 주장했다고 말한다. "욕망에는 세 가지 종류가 있다. 첫 번째는 자연스럽고 꼭 필요한 욕망이며, 두 번째는 자연스럽지만 필요하지 않은 욕망, 세 번째는 자연스럽지도 필요하지도 않은 욕망이다. 자연스럽고 꼭 필요한 욕망은 별다른 수고나 비용 없이 만족할 수 있고, 자연스럽지만 필요하지 않은 욕망도 어려움이나 대가 없이도 충족할 수 있다. 자연은 욕망을 충족시키기에 충분한 부를 어느 정도까지는 쉽게 얻을 수 있도록 해주기 때문이다. 반면에 헛된 욕망에는 한계와 절제를 찾을 수 없다."

　인생을 온전히 즐기고 싶다면 온갖 쾌락을 자제할 줄 알아야 한다.

　자제심을 잃지만 않는다면 우리는 여러 가지 방법으로 기쁨을 얻을 수 있다. 그러나 쾌락이라는 감각에 굴복하면, 그리스

신화에서 사이렌에 유혹당한 뱃사공들처럼 인생의 바위와 소용
돌이에서 휘말리고 만다.

이 세상에 태어나 다른 사람의 의지에 굴복하지 않는 법을 배
운다면 얼마나 행복한 일인가. 그의 갑옷은 정직한 생각이요
그의 최고의 기술은 단순한 진리이니라.

– 헨리 워턴

내 안에서
찾는 삶

우리 시대의 불행 중 하나는 여가가 너무 적다는 것이다. 우리는 끊임없이 휘몰아치는 소용돌이 속에서 살고 있다. 셰익스피어의 희곡 〈베니스의 상인〉에서 포셔는 "내 작은 몸이 이 거대한 세상에 지쳐가는구나"라고 말했는데, 이 말에 공감하는 여성이 얼마나 많을까? 그리고 또 남성은 얼마나 많을까?

서두르면 일을 그르칠 수 있다. 생각에는 시간과 평정이 필요하다.

킹즐리는 말한다. "우리가 모두 원하는 것은 내면의 안식, 즉 마음과 머리의 휴식, 평온하고 강하고 독립적이고 자제할 줄 아는 품성이다. 이런 사람은 우울해지지 않기 때문에 자극제가 필요 없고, 흥분하지 않기 때문에 마취제가 필요 없고, 신의 은총을 남용하지 않을 만큼 의지가 강하기 때문에 엄격한 구속도 필요하지 않다. 한마디로 말하면 먹고 마시는 것뿐 아니라 모든 욕망과 사고와 행동까지 올바르게 절제할 줄 아는 사람이다. 그는 금지된 방법으로 빛과 생명을 찾으려다가 결국 병과 죽음을 얻었던 아담처럼 무분별한 욕망과 야심에서 벗어나 굴복하지 않는다. 안식은 이전에 그것을 찾았던 곳에서만 찾을 수 있다."

에픽테토스는 말한다. "제우스가 명령한 대로 행동하라. 그렇게 하지 않으면 벌을 받게 될 것이다, 그 벌은 의무를 다하지 않는 것, 즉 겸손과 성실, 예절이라는 품성을 잃는 것이다. 이보다 더 큰 형벌이 있을까."

러스킨은 이렇게 말한다. "우리는 부족한 것밖에 없다고 불평하면서 투표권과 자유와 즐거움과 돈을 원한다. 그러나 우리 중에 평화를 원한다고 느끼거나 알고 있는 사람은 얼마나 될까? 평화를 원한다면 자신의 힘으로 만들면 된다. 우리 중 누구도 이 사실을 알지 못한다. 아름다운 생각을 재료로 어떤 역경도 막아주는 아름다운 궁전을 지을 수 있다는 사실을 배우지 못했기 때문이다. 그 궁전은 즐거운 상상, 흐뭇한 추억, 고귀한 역사, 진실한 말, 소중하고 평온한 생각의 보물창고가 있는 곳이다. 그곳에서는 어떤 근심도 방해하지 못하고, 어떤 고통도 우울하게 할 수 없으며, 어떤 결핍도 침범하지 못한다. 그 궁전은 손으로 지은 집이 아니라 우리의 영혼이 사는 곳이다."

위대한 황제 안토니우스가 죽어가면서 곁을 지키던 부하 병사에게 남긴 마지막 말은 "마음의 평정이"었다. 그 어떤 것도 예수의 평온한 삶을 깨지 못했다. 토마스 아 켐피스는 말한다. "욕망을 버리면 평안을 얻으리라."

우리는 인생에서 커다란 일로 슬퍼하는 것만큼이나 작은 일로 괴로워하곤 한다.

인류가 저주받는 모든 저주 중에서 가장 나쁜 것은 자신의 성격이다.

– 컴버랜드

행복을 밖에서 찾지 말고 우리 자신, 우리 마음속에서 찾아야한다.

하나님 나라는 너희 안에 있느니라.

– 〈누가복음〉 17장 20절

이 땅에서도 행복할 수 없다면 내세에 행복할 수 있으리라 기대할 수 있을까? 그때도 신이 지금보다 더 우리를 지켜줄까? 우리가 이 땅에서 평화를 이루지 못한다면 하늘에서 어떻게 평화를 기대할 수 있을까?

우리에게서 평화를 앗아가는 것은 무엇인가? 자만과 탐욕과 이기심과 야심이다. 이런 것 때문에 우리는 행복할 수 없고, 이런 것과 함께라면 어디에서도 행복할 수 없다. 우리가 소중한 것을 잃을까 봐 이 땅에서도 염려한다면 천국에서는 얼마나 더 예민하게 염려해야 할까? 이곳에서 다른 사람들과 평화롭게 살 수 없다면, 다른 곳에서는 무슨 희망이 있을까? 평화와 행복을 외적인 것에 두고 다른 세상만 바라본다면, 다른 삶을 살 때도 또 다른 삶을 바라보고 살지 않을까?

행복은 기대와 희망, 기억 속에서 우러나오며, 우리가 사랑했지만 떠나보낸 사람들을 다시 만나기를 기대하고 이제는 우리 눈앞에 분명하게 보이기를 희망할 때 순수하고 강렬한 행복을 느낀다. 그런 위안과 기쁨에 반대할 생각은 없지만, 현재의 축복을 과소평가하거나 대수롭지 않게 여겨서는 안 된다.

스스로 잘 다스린다면, 키블처럼 말할 수 있게 될 것이다.

나의 주여, 당신의 거룩한 뜻을 행하소서.

나는 이곳에 가만히 있겠나이다.

당신의 팔을 뿌리치거나 그 아름다움을 망치지 않도록

나는 움직이지 않겠나이다.

당신의 품에 안겨 있을 때

나를 완전한 안식을 누리나이다.

신에게 드리는
기도

오직 당신만이 자연의 평온함을 누릴 수 있다.

별이 빛나는 하늘에 있는 고요함과
호젓한 언덕 사이에서 이루는 잠

- 워즈워스

그러면 그 옛날 주님의 천사들이 마므레 수풀 근처에서 아브
라함 앞에 나타났듯 당신 집을 찾아올 것이다.

만테가자는 《인생의 이상》에서 이렇게 말했다. "인간에게 알
려지지 않은 새로운 기쁨이 너무나 많다. 인간은 앞으로 문명이

라는 빛나는 길을 따라 그 기쁨들을 발견하게 될 것이다."

"정신이 육체를 현명하게 지배하고, 사랑으로 다스리며, 유익하게 돌보고, 풍족하게 베풀며, 너그럽게 다룰 때 비로소 정신과 육체는 완벽한 인간을 만든다. 그러나 육체가 정신에 명령을 내리고, 욕망에 사로잡혀 이성을 학대하며, 의지와 선택을 지배하려 한다면, 육체와 정신은 올바른 동반자가 되지 못하고 한 인간을 어리석고 비참하게 만든다. 정신이 육체를 지배하지 않으면 이 둘은 진정한 동반자가 될 수 없다. 정신이 육체를 지배하든가 육체의 노예가 되든가 둘 중 하나다."

우리가 인생을 즐기지 못한다면 그것은 우리 잘못이다. 러스킨은 말한다. "인생에서 성공하는 사람은 드물지만, 인생을 즐기는 것은 모든 사람이 할 수 있다." 평화롭고 행복하게 유지하려면 지혜롭고 고귀한 생각들로 마음을 채워야 한다.

플라톤은 《향연》에서 "신은 아름다움과 지혜, 선의 신이다. 영혼이라는 날개에 이것들을 양분으로 주면 영혼은 빠르게 자라지만 악을 양분으로 주면 시들고 말라버린다"고 말했다.

그러므로 지혜로운 선택을 하라.

기쁨을 집으로 데려가서 그대 마음속에 기쁨이 머물 자리를 마련하고, 자랄 시간을 주고, 기쁨을 소중히 돌보라. 그러면 기쁨은 그대에게 다가와 노래할 것이다. 그대가 들에서 일할 때, 성스러운 새벽 시간에 잡초를 뽑을 때, 기쁨은 다가와 그대에게 만족을 줄 것이다. 기쁨은 우리가 하느님께 드리는 기도다.

— 진 잉겔로

소크라테스는 말한다. "가장 훌륭한 사람은 자신을 완벽하게 만들려고 노력하는 사람이며, 가장 행복한 사람은 자신이 완벽해진다고 느끼는 사람이다."

인격적으로 점잖은 무게 '드레'

드레북스는 가치를 존중하고 책의 품격을 생각합니다